SCIENCE

DU

BLASON

JUSTIFICATION DES TIRAGES
DE LUXE

3 Exempl.	sur parchemin	no 1 à 3
12 —	sur papier du Japon.	no 4 à 15
15 —	— de Chine.	no 16 à 30
20 —	— teinté de Renage.	no 31 à 50
50 —	— Whatman.	no 51 à 100

TRAITÉ COMPLET

DE LA

SCIENCE DU BLASON

A L'USAGE DES

BIBLIOPHILES, ARCHÉOLOGUES,
AMATEURS D'OBJETS D'ART ET DE CURIOSITÉ,
NUMISMATES, ARCHIVISTES,

PAR

JOUFFROY D'ESCHAVANNES

OUVRAGE ACCOMPAGNÉ DE NOMBREUX BLASONS FINEMENT GRAVÉS SUR BOIS

TROISIÈME MILLE

PARIS

LIBRAIRIE ANCIENNE ET MODERNE

ÉDOUARD ROUVEYRE

45, rue Jacob, 45

1885

TRAITÉ DU BLASON

ORIGINE DES ARMOIRIES

ANS tous les temps, les guerriers ont adopté certaines marques symboliques dont ils ornaient leurs casques ou leurs boucliers, mais sans leur attribuer ni leur reconnaître aucun caractère d'hérédité, aucun symbole de noblesse. Homère, Virgile et Pline parlent des figures représentées sur les boucliers des héros quı assistaient au siège de Troie. Philostrate dit qu'une aigle d'or sur un bouclier était le blason royal des Mèdes, assertion confirmée par Xénophon au livre Ier de son histoire; et tous les auteurs grecs sont remplis des devises d'Arsace, de Cyrus, de Cambyse, de Darius et de Xerxès. Les boucliers et les casques des Grecs étaient à cette époque ornés d'une multitude de signes de ce genre. Diodore de Sicile croit que les Egyptiens avaient inventé ces images symboliques, et quelques auteurs se sont appuyés sur cette opinion pour attribuer aux Pharaons l'origine des armoiries. Le Père Monnet pense qu'une espèce de blason existait déjà sous Auguste, et s'exprime ainsi : « Le « vrai usage des boucliers armoriés et des blasons « de couleurs et de métaux d'armes a pris ori- « gine sous Octave-Auguste, empereur, lequel « usage a continué et s'est augmenté sous les « empereurs ses successeurs, et, depuis, s'est per- « fectionné tant ès Gaules qu'ès autres royaumes « de l'Europe après l'empire romain failli et les « légions romaines éteintes. » Cette opinion est parfaitement acceptable quant aux emblèmes adoptés par les anciens, mais elle est erronée quant à la prétention de voir chez les Romains les règle- ments d'une science héraldique. Autant vaudrait alors se ranger de l'avis d'André Favin avançant que le blason est dû aux fils de Seth, qui, afin de se distinguer des enfants de Caïn, prirent pour armoiries les figures de diverses choses naturelles, fruits, plantes et animaux, tandis que la postérité du réprouvé se distingua au moyen des instruments des arts mécaniques. Ségoin soutient que les enfants de Noé inventèrent les armoiries après le déluge, et cite Zouare, historien grec, dans le quatrième livre de ses Annales ; malheureusement, cet auteur n'ayant écrit que trois livres, l'assertion de Ségoin doit trouver peu de partisans.

Enfin, selon d'autres, les armoiries étaient en usage lorsque les hébreux sortirent d'Egypte, parce qu'il est dit au livre des Nombres que ce peuple campait par tribus, ou familles distinguées au moyen de leurs enseignes et drapeaux. Sur ce fondement, ils ont imaginé que les douze tribus représentaient les douze signes du zodiaque, et se sont empressés de donner à chacune l'image d'une constellation ; ou bien, interprétant les prédictions de Jacob à ses enfants sur ce qui leur arrivera après sa mort, ils y ont encore trouvé un sujet d'armoiries. Ainsi la tribu de Juda avait un lion, parce que Jacob dit : *Catulus leonis Juda*, etc. ; la tribu de Zabulon, une ancre ; d'Issachar, un âne ; de Dan, un serpent; de Gad, un homme armé; de Siméon, une épée; d'Asser, des tourteaux; de Nephtali, un cerf; et de Benjamin, un loup. La Genèse, le Deutéronome, et tous les livres sacrés sont tour à tour invoqués pour trouver une origine mystérieuse aux armoiries.

Mais tous ces auteurs, malgré les peines qu'ils se sont données, n'ont prouvé qu'une chose incontestable d'ailleurs et incontestée : c'est que les hommes, dès l'origine des sociétés, ont voulu se distinguer de leurs semblables par quelques symboles ou hiéroglyphes, et que les sociétés elles-mêmes ont bientôt senti la nécessité d'avoir des signes au moyen desquels leurs différentes fractions pussent se réunir en ordre. Ces signes, quelquefois enfantés par la vanité, n'étaient-ils pas aussi les premiers éléments de l'organisation, les premières bases de la hiérarchie sociale? Singulière destinée de cette science, dont les prémices furent un hommage rendu aux lois sociales, et qu'on a vue de nos jours considérée comme un brandon de désunion entre les hommes!

Ce qu'on peut donc affirmer avec raison, c'est que de tout temps il y a eu des marques symboliques portées par des individus sur leurs casques ou leurs boucliers, et par des réunions d'hommes

sur les drapeaux et étendards; mais elles ne furent
point d'abord des marques héréditaires de noblesse. Il est vrai que quelques-unes ont passé aux
enfants : ainsi, d'après Italicus, un des Corvins
avait le corbeau de Valerïus Corvinus pour cimier;
et Ovide dit qu'Egée reconnut son fils Thésée
en voyant les marques de sa race sur le pom-
meau de son épée. Mais ce n'était là que des ornements dépendants du caprice, et non des armoiries
soumises à un code. Les Romains n'eurent certainement jamais d'armoiries semblables aux nôtres;
puisque sur les nombreux arcs de triomphe,
tombeaux, temples et autres monuments qu'ils
nous ont laissés, on n'en trouve aucun vestige.
Auguste et ses successeurs firent graver des
images sur les boucliers des soldats, mais toute
une cohorte, toute une légion portait la même
figure, qui devenait un signe de ralliement. On ne
trouve pas autre chose dans la notice de l'empire.

Chez les Gaulois, quelques emblèmes mysté-
rieux adoptés par les druides, tels que la branche
de gui, que le peuple avait en grande vénération,
et des initiales ou des images d'idoles gravées sur
des bagues, voilà tout ce que les recherches ont
procuré jusqu'à présent. C'est toujours, comme

chez les autres peuples, une disposition à se parer
d'emblèmes, à en revêtir les choses sacrées, à
donner par ce moyen, pour ainsi dire, une figure
palpable au mysticisme religieux ; mais des règles
déterminées, de formes constantes ou ·hérédi-
taires, il n'y en a aucune trace.

Si l'on traverse l'époque d'invasion pour arriver
.à celle où les Francs sont établis en maîtres et en
vainqueurs, on retrouve les mêmes faits ; et plus
tard encore les preux de Charlemagne ne connais-
sent d'autres armoiries que les bannières militaires,
insignes de commandement et d'autorité, mais
non encore de noblesse héréditaire.

Les armoiries, telles quelles sont aujourd'hui,
ne datent que du onzième siècle, ou de la fin du
dixième, car on n'en retrouve aucune trace sur les
monuments antérieurs à cette époque. Les plus
anciens tombeaux n'ont que des croix et des ins-
criptions avec la représentation au trait de ceux
qui y sont inhumés ; et l'on doit attribuer à une
restauration les figures héraldiques qui peuvent se
rencontrer ·sur plusieurs. C'est au onzième siècle
seulement que les sceaux commencent à porter
des armoiries, et le petit nombre des monuments
de ce genre laisserait à penser que l'usage n'en
était pas encore très répandu.

On possède le contrat de mariage de Sanche, infant de Castille, avec Guillemine, fille de Centule Gaston II, vicomte de Béarn, de l'an 1000, au bas duquel il y avait sept sceaux apposés, dont deux se sont conservés entiers. Le premier représente un écu chargé d'un lévrier ; le second est un écu tranché par des barres transversales. M. de Villaret, qui s'est livré à l'examen de ces sceaux, prétend qu'on peut certainement reconnaître sur le second les figures du blason moderne. Il en eût pu dire autant du premier, qui pouvait bien être le sceau de Garcie-Arnaud, comte d'Aure et de Magnoac, lequel vivait dans le même temps, et dont les descendants ont toujours porté un lévrier dans leurs armes.

Deux sceaux d'Adelbert, duc et marquis de Lorraine, apposés à deux chartes des années 1030 et 1037 de l'ère vulgaire, représentent un écu chargé d'une aigle au vol abaissé.

Un acte de l'an 1072* porte un sceau de Robert le Frison, comte de Flandres, sur lequel est un lion ; et un diplôme de Raymond de Saint-Gilles, de l'an 1088, est scellé d'une croix vidée,

---

* L'authenticité de cet acte a été contestée par M. D. Mabillon et quelques autres.

cléchée et pommetée, telle que l'ont toujours portée depuis les comtes de Toulouse. L'historien du Languedoc avait pensé que cette dernière pièce était le plus ancien monument héraldique, mais les chartes citées plus haut détruisent cette opinion.

Le sceau de Thierri II, comte de Bar-le-Duc et de Montbéliard, mis au bas d'un acte de l'an 1093, représente deux bars adossés.

Il est bon d'ajouter à l'appui de ce sentiment que le moine de Marmoutiers, qui a écrit l'histoire de Geoffroi, comte d'Anjou, l'an 1100, parle du blason comme d'un usage établi depuis long-temps dans les familles illustres.

Ces marques distinctives commencent donc tout au plus au onzième siècle à devenir héréditaires dans quelques familles, mais seulement par l'effet d'un caprice, et nullement d'après les lois d'un code héraldique. Si ce code eût existé, quelle eût pu être son utilité ? les tournois n'étaient pas encore de mode, et il serait absurde de penser que des prescriptions eussent été établies dans la prévision d'événements qui ne s'étaient pas encore présentés et dont on ne pouvait avoir l'idée. Enfin les armoiries existaient, se transmettaient même. Elles étaient les éléments d'une science, mais pas encore la science.

Le premier tournoi fut donné en France, l'an 1066, par Geoffroi, seigneur de Preuilly, ainsi que l'apprend la chronique de Tours. Sur le témoignage d'un historien étranger qui les appelle *conflictus Gallici*, quelques modernes ont cru devoir en attribuer le berceau à la France, et proclamer Geoffroi de Preuilly le législateur des tournois ; mais il est certain que ces joutes chevaleresques étaient déjà pratiquées dans le Nord depuis près d'un siècle ; et si quelques auteurs les ont appelées les combats français, c'est que nos chevaliers y brillaient par un courage, une magnificence, une adresse, une courtoisie qui passaient alors en proverbe chez les autres nations de l'Europe. On sait d'ailleurs que les tournois avaient lieu en Allemagne dès le dixième siècle, et c'est à Henri l'Oiseleur qu'on doit toute la législation des montres d'armes.

Plus une chose est ancienne, plus nous croyons devoir lui porter de respect ; aussi ne faut-il pas s'étonner si quelques enthousiastes (en les supposant de bonne foi), ont cru découvrir la science là où il y en avait à peine les éléments. Les plus anciens ouvrages qu'on possède sur le blason sont des manuscrits dont aucun ne remonte plus haut que le règne de Philippe-Auguste. Encore ces

ouvrages sont-ils d'une faible importance. Un des
plus anciens est celui de Jacques Bretex, à la date
de 1285. L'auteur décrit en rimes les joutes faites
à Chaunency, et s'amuse à blasonner les armoiries
des chevaliers qui s'y trouvaient. On possède un
autre manuscrit de 1253, sous ce titre : *Les ordonnances appartenans à l'officier d'armes et les couleurs
appartenans aux blasons.* C'est l'extrait d'un autre
manuscrit plus ancien. Il existe aussi un armorial
de l'an 1312, intitulé : *Noms et armures des chevaliers qui furent à Rome au couronnement de l'empereur
Henri VII.* Mais tous ces ouvrages ne contiennent
guère que des renseignements et des ordonnances
pour les joutes et les tournois.

Les premières monnaies de France portant des
armoiries furent les deniers d'or de Philippe de
Valois, où ce roi était représenté assis sur un
trône, tenant de la main gauche un écu semé
de fleurs de lis, et son épée de la droite. Ces
pièces d'or, frappées en 1336, prirent le nom
d'écu : c'est ainsi que l'écu royal donna son nom
aux monnaies sur lesquelles il était représenté.

Beaucoup de preuves confirment l'opinion que
le blason, jusqu'alors simple effet du caprice,
devint une science à l'occasion des tournois. Le
nom de *blason* que nous donnons à cet art, la

forme des anciens écussons, les émaux, les figures
principales, les partitions, les cimiers, les timbres,
les lambrequins, les supports, les devises, les fa-
bles sur l'origine de certaines armoiries, et enfin
le temps auquel se rapportent les monuments sur
lesquels on les retrouve, ne laissent aucun doute
à cet égard. *Blasen*, d'où l'on a fait *blason*, est un
mot allemand qui signifie sonner du cor ; et si
l'on a donné ce nom à la description des armoiries c'est qu'anciennement ceux qui se présen-
taient aux lices pour les tournois sonnaient du cor
afin d'attirer l'attention. Les hérauts venaient reconnaître la qualité du gentilhomme, puis blason-
naient ses armoiries, c'est-à-dire qu'au moyen
d'une trompe ou porte-voix, ils décrivaient aux
spectateurs les armoiries du chevalier. Les rimes
du tournoi de Chaunency, en 1285, nous en four-
nissent des exemples.

> Cil trompoours si trompeoient
> Et les bachelers amenoient
> D'armes si empapillonez
> Depuis l'eure que ie fu nez
> Ne vi a mon gré tel meruoilles.
> Un cheualier d'armes uermoilles
> A cinq annets d'or en Ecu
> Vi d'euan tous qui sans ecu
> Vient a voir la premiere joute
> Comment qu'il soit ne coi qu'il coute,

Si quier as autres con li doigne.
Lors oi ecrier Chardoigne
Et puis Vianne à ces heraux
Garçons glatir, huier ribaux,
Chevaux hannir, tambour sonner, etc.

Dans les descriptions de joutes qu'a faites Olivier de la Marche, et dans celles des vieux romans, il est toujours dit *que les trompettes cornèrent, et fusrent faicts les cris accoustumés.* Aux joutes de l'Arbre d'or, il dit : *Sitost que mondict seigneur le duc fust sur les rangs, fust apporté le blason de monsieur de Chasteauguion, frère de monsieur le prince d'Orange et neveu de monsieur le comte d'Armignac. Et après fust allé querre par le géant et par le nain ; fust par le géant présenté aux dames, et le nain sonna sa trompe.*

Après les joutes, les chevaliers allaient souvent appendre leurs écus dans les églises.

Quand on avait paru deux fois aux tournois, il n'était plus nécessaire de faire preuve de noblesse, puisqu'elle avait été suffisamment reconnue et *blasonnée,* c'est-à-dire annoncée à son de trompe. Alors les chevaliers portaient en cimier deux trompes que quelques auteurs ont prises mal à propos pour des *proboscides* ou trompes d'éléphant, et qui sont l'origine de toutes celles qu'on voit orner les timbres allemands.

On trouve sur les anciens manuscrits les écus-

sons suspendus avec des courroies et penchés sur
le côté, parce qu'on les attachait ainsi aux tribunes
et aux balcons des maisons voisines, ce qui s'appe-
lait faire fenêtre. On les ornait souvent en posant
dessus le casque avec ses lambrequins. Chacun
alors pouvait voir les armoiries des prétendants aux
joutes, et l'on devisait des chevaliers, celui-ci pour
la louange, celui-là pour le blâme. Les dames racon-
taient les anecdotes qu'elles connaissaient sur chacun, et l'expression de *blasonner* s'étendit ainsi jusqu'aux *caquetages* dont les chevaliers étaient l'objet.

C'est alors que les règles du blason commencèrent à s'établir ; plusieurs nobles de même famille,
portant les mêmes armes et assistant au même tournoi, prirent des signes ou des devises différents,
et le plus communément les cadets ajoutèrent
quelque nouvelle charge comme brisure sur le
champ de l'écu. Les Allemands brisent par les
cimiers, les Flamands par les couleurs, les Anglais
par l'addition de quelque pièce, et les Français par
des lambels, cotices, bâtons, bordures, etc. Il
n'était jamais permis de prendre la devise d'un
autre, car elle était presque toujours l'expression
d'un sentiment particulier à celui qui la portait.

La coutume de ne point mettre en blason couleur sur couleur, ou métal sur métal, vint des

ornements brodés en or ou en argent sur les vêtements, et aussi de l'habitude de revêtir l'armure
par-dessus un vêtement d'étoffe.

Les tournois commencèrent en Allemagne en
938, et nous devons attribuer à ce pays les premiers éléments du code héraldique. Les Français,
il est vrai, le perfectionnèrent bientôt et le por-
tèrent en Angleterre et en Espagne.

Il est à remarquer d'ailleurs que les nations qui
n'ont pas pris part aux tournois et aux croisades
n'ont pas eu d'armoiries réglées. Ainsi la Russie
est encore dans l'enfance de cet art, et les blasons
des familles russes ne datent pas de plus de deux
cents ans.

Outre les tournois, il est certain que les croisades et les voyages d'outre-mer ont contribué à
augmenter la source des blasons. Le grand nombre
des croix en est une preuve. Les merlettes ou
oiseaux voyageurs, qu'on représente sans bec ni
pattes, tantôt pour indiquer l'humilité du chevalier, tantôt pour signifier qu'il est revenu mutilé
des guerres saintes ; le croissant, les étoiles qu'on
trouvait sur les étendards ennemis ; enfin tous les
monstres chimériques que dépeignait la poésie
orientale, devinrent des symboles héraldiques, et
ont servi plus d'une fois à des familles nobles d'in-

dices précieux pour retrouver les traces de leur origine.

Les meilleurs auteurs qui aient écrit sur la science héraldique en font dater les commencements du règne de Louis-le-Jeune, qui régla les fonctions et offices des hérauts pour le sacre de Philippe-Auguste, et fit semer de fleurs de lis tous les ornements dont on se servit à cette cérémonie. Ce prince est le premier qui chargea son contre-scel de fleurs de lis.

L'élan une fois donné, beaucoup d'auteurs firent des traités de blason, et chacun apporta quelque nouvelle règle à l'art nouveau. Le roi Jean, qui prenait beaucoup de plaisir à cette science, fut cause qu'on s'y appliqua dans un temps où les belles-lettres étaient à peine connues. On continua sous les trois règnes suivants, et cet engouement du blason s'empara si facilement de tous les écrivains du temps, qu'il passa aux historiens. Froissart, Monstrelet et Olivier de la Marche en grossirent leurs chroniques. Il n'y a guère de vieux romans qui ne soient remplis d'armoiries faites à plaisir et attribuées à des héros fabuleux. Enfin, on tomba dans le ridicule, et on alla jusqu'à donner les armoiries d'Adam, des patriarches, des prophètes, des rois de Jérusalem, d'Esther, de Judith, etc.,

que Bara, le Féron, Fursten et autres ont recueil-
lies, disent-ils, *comme pièces rares et curieuses.*

Devenues signes de noblesse héréditaire, les
armoiries devaient nécessairement tenter la cupi-
dité vaniteuse de beaucoup de gens ; aussi les rois
de France furent-ils obligés, à plusieurs reprises,
de lancer des édits contre les usurpateurs.

Avant l'année 1555, les grandes familles étaient
dans l'usage de changer de nom et d'armes sans
l'autorisation du souverain. Cette coutume se pra-
tiquait lors des alliances. Quand il arrivait qu'une
fille était seule héritière du nom, son mari le rele-
vait, et l'on trouvait ainsi le moyen de perpétuer
une famille près de s'éteindre. Mais ces substitu-
tions de nom et d'armes donnaient lieu à de graves
abus que l'ordonnance du 26 mars 1555 tenta de
réprimer. Cette ordonnance, rendue à Amboise par
le roi Henri II, porte qu'il ne sera plus permis de
porter le nom ni les armes d'une famille autre que
la sienne propre sans avoir obtenu des lettres pa-
tentes, et condamne à une amende de 1,000 livres
ceux qui usurperont la qualité de noble.

Cette mesure fut renouvelée à différentes époques. Ainsi on peut citer :

L'ordonnance de Charles IX, rendue aux états
de Blois en 1560 ;

L'édit de Henri III, du mois de mars 1579 ;

L'édit de Henri IV, du mois de mars 1600 ;

La supplique des états généraux de 1614 au roi Louis XIII, et les édits de ce prince, du 15 janvier 1629 et du même mois 1634 ;

Les déclarations de Louis XIV, du 8 février 1661, 26 février 1665 et 8 décembre 1699 ;

La grande recherche de 1696, qui taxa à 20 livres l'enregistrement de chaque écusson ;

Enfin les édits de dérogeance de 1713, 1723, 1725, 1730, 1771, tous destinés à détruire les usurpations de noblesse en frappant de dérogeance les anoblis qui s'étaient soustraits aux droits de sceaux ou de confirmation.

L'empereur Napoléon, en créant des nobles, se réserva aussi le droit de leur donner des armoiries. Les règles de l'ancien code héraldique furent suivies, sauf quelques exceptions que l'usage et même une ordonnance du roi Louis XVIII ont fait disparaître.

ÉCU

SES FORMES, SES PARTITIONS; POSITIONS DES FIGURES
SUR L'ÉCU

Formes de l'Écu.

L'ÉCU, en latin *scutum*, était primitivement fait de bois très léger, et servait à garantir le guerrier des coups de l'ennemi, quelquefois même des intempéries. On le recouvrait de cuir, ce qui avait sans doute fait emprunter le mot *scutum* à l'expression grecque ςχύτος, bouclier.

Toutes les nations se sont servies du bouclier comme arme défensive, et elles l'ont modifié selon le genre d'attaque qu'il devait repousser, selon l'arme offensive dont il devait parer les coups. Véritable ami du soldat, celui-ci ne le quittait jamais, et, se plaisant à l'orner des emblèmes de ses caprices ou de ses affections, lui vouait une espèce de culte.

Les anciles de Rome, dont l'origine est fabuleuse, donnent une idée du respect qui s'attachait aux armes de ce genre. L'an 48 de la fondation de Rome, 706 ans avant Jésus-Christ, la peste se répandit dans toute l'Italie, et ne cessa que lorsqu'on vit tomber du ciel un bouclier de cuivre. Numa Pompilius consulta la nymphe Egérie, et rapporta pour réponse que ce bouclier serait l'égide de Rome, non-seulement contre la fureur de ses ennemis, mais encore contre la peste et tous les événements malheureux qui pourraient survenir ; et qu'à sa conservation était attaché le sort de l'empire. Le prince fit fabriquer onze boucliers semblables, afin qu'il ne pût être reconnu si quelqu'un tentait de le dérober, et ces douze anciles furent confiés à un collége de douze prêtres de Mars pris dans l'ordre des patriciens. Les plus grands capitaines romains tinrent à honneur d'en faire partie ; on les nomma Saliens Palatins, du nom de leur temple, situé sur le mont Palatin. Tous les ans, au mois de mars, ces prêtres, revêtus de robes brodées d'or, couronnés de lauriers, parcouraient la ville en grande pompe, et

montraient les anciles, que chacun d'eux portait
au bras droit. Le jour de cette fête, il n'était pas
permis à une armée romaine, en quelque endroit
qu'elle se trouvât, de faire aucun mouvement. On
ne pouvait point se marier, les ventes étaient
interdites, et toute entreprise commencée dans ce
jour devait porter malheur. Tacite attribue le mau-
vais succès de l'empereur Othon contre Vitellius à
son départ de Rome pendant que l'on portait les
boucliers sacrés.

Les Gaulois avaient coutume, pour éprouver si
leurs enfants étaient légitimes, de placer le nouveau-
né sur un bouclier, et de l'exposer au courant des
rivières. Si l'eau engloutissait le frêle esquif, l'enfant était déclaré bâtard, et personne ne songeait
à le sauver, tandis que la légitimité était proclamée
si les ondes respectaient la victime. Aussi Tacite,
parlant des mœurs des Germains, nomme le Rhin,
fleuve éprouvant les mariages. Le bouclier était au
nombre des présents de noce que l'époux faisait à
sa fiancée, sans doute pour lui rappeler l'épreuve
terrible à laquelle il devait servir. On l'employait
encore pour les adoptions, pour l'admission d'un
jeune homme au rang de citoyen. César dit que
l'habitant des bords du Rhin ne peut sortir et
prendre part aux affaires publiques sans être armé

de sa lance et de son bouclier ; et lorsque, dans le conseil, un orateur avait mérité l'approbation publique, chaque assistant la lui témoignait en frappant sur son bouclier. Enfin c'était sur un pavois que l'on plaçait le chef élu pour le faire reconnaître de toute l'armée.

À mesure que les peuples avancèrent en civilisation, l'écu subit l'influence de l'art, se modifia et se couvrit d'ornements. Destiné d'abord à préserver l'homme de guerre des coups de l'ennemi, il lui servit encore à repousser les attaques du mépris, en faisant connaître les belles actions dont son maître pouvait s'honorer. On y représenta les hauts faits au moyen de la peinture et de la sculpture ; et les boucliers devinrent des pages d'histoire, on pourrait dire des brevets d'honneur que le titulaire portait toujours avec lui. Puis, lorsque la dimension du bouclier ne suffit plus pour contenir tous les hauts faits d'un brave, il fallut employer un langage dont chaque terme fût une narration, une écriture dont chaque caractère fût un fait. L'écu se prêta encore à cet art nouveau, et, malgré les diverses formes adoptées par les nations, présenta toujours les mêmes caractères emblématiques dans ses ornements.

Quelquefois aussi ce n'était pas un fait d'armes

que portait l'écu, mais seulement l'expression d'un vœu, une devise amoureuse, une menace de vengeance.

L'écu d'armoiries est le champ qui représente le bouclier, la cotte d'armes ou la bannière sur laquelle étaient brodées ou émaillées les figures allégoriques.

Celui dont nous nous servons est nommé écu français. Il est carré long, arrondi aux deux angles inférieurs, et terminé en pointe au milieu de sa base. Quoique cette forme soit la plus usitée, on peut la modifier sans qu'il en résulte une faute contre les règles du blason ; mais il vaut mieux la conserver telle, puisque l'usage l'a sanctionnée pour la France ; d'autant plus que les autres nations ont aussi adopté des formes particulières.

Écu français.

Autrefois il était triangulaire, et on le posait

incliné sur le côté, ce qui se voit encore sur
d'anciens sceaux.

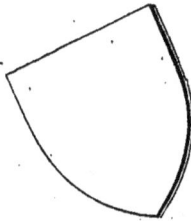

Écu ancien.

Les bannerets de Guienne et de Poitou, et
assez généralement tous les seigneurs qui avaient
droit de bannière à l'armée, le portaient tout à fait
carré. On le nomme écu en bannière.

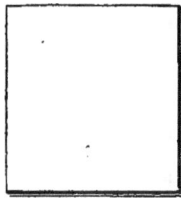

Écu en bannière.

Les filles ou femmes le portent en losange.

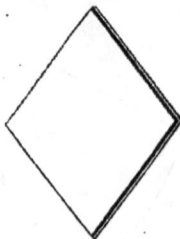

Écu des filles ou femmes.

Les Espagnols portent le même écu, mais tout à fait arrondi par le bas. Avilès, un de leurs meilleurs héraldistes, dit que cette forme prête beaucoup moins aux licences que se donnent les graveurs d'ajouter des ornements inutiles, licence qui constitue toujours une faute contre cette règle du blason, *que no debe haber en el escudo de armas interior, ni exteriormente punto, linea, ni ornamento, que no tenga su significado, y representacion.*

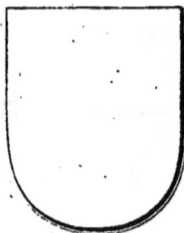

Écu espagnol.

4

Les Allemands, sans affecter une forme déterminée, le font presque toujours avec une échan-
crure pour supporter la lance.

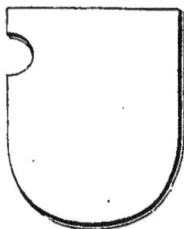

Écu allemand.

Les Italiens se servent de l'ovale, particulière-
ment les ecclésiastiques, dont la plupart l'environnent d'un cartouche, ou ornement extérieur.
On présume que la forme ovale fut adoptée en
Italie en considération des anciles, que la tradition
dit avoir affecté cette forme.

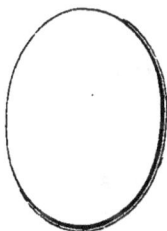

Écu italien.

Les Anglais, qui adoptent l'écu français, le modifient quelquefois en l'évasant à la partie supérieure.

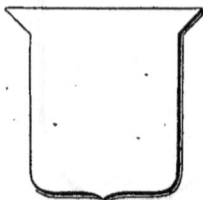

Écu anglais.

Il existe encore une grande variété d'écus, tels que les cartouches, dont les formes sont tout à fait arbitraires, et se prêtent à toutes les fantaisies de l'artiste.

Des partitions de l'écu.

Les *partitions* de l'écu sont les divisions résultant de lignes au moyen desquelles on partage le champ en plusieurs sections.

Ces partitions sont au nombre de quatre, savoir :

Le *parti,* qui se forme en abaissant une ligne

perpendiculaire de haut en bas, et passant par le centre.

Le *coupé*, qui partage aussi l'écu en deux parties égales, mais au moyen d'une ligne horizontale.

Le *tranché*, formé par une diagonale de droite à gauche.

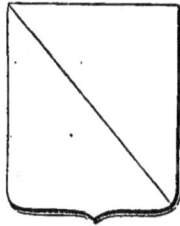

Le *taillé*, qui résulte d'une diagonale de gauche
à droite.

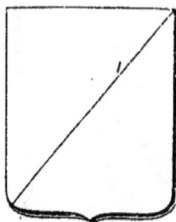

Ces quatre partitions principales servent à en
former d'autres nommées *répartitions*, au moyen de
la combinaison des lignes indiquées plus haut ;
ainsi :

Le *tiercé* se forme au moyen du coupé, ou
du parti, ou du taillé, ou du tranché répété deux
fois.

L'*écartelé* se forme du parti et du coupé,

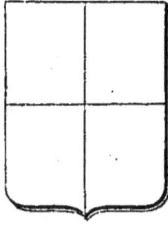

L'écartelé *en sautoir* résulte des tranché et taillé.

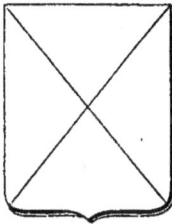

Et le *gironné* est le résultat des quatre partitions principales, parti, coupé, tranché, taillé.

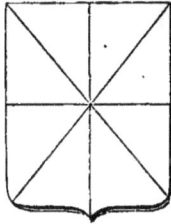

Chaque division de l'écartelé peut se diviser encore au moyen de répartitions ci-dessous indiquées, ainsi :

Ecartelé : aux 1 et 4 contre-écartelés ; aux 2 et 3 contre-écartelés en sautoir.

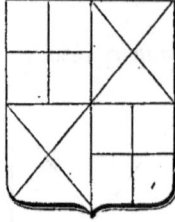

L'écartelé peut être de quatre, six, huit, dix, douze, seize quartiers et plus ; ainsi l'écu parti d'un, coupé de deux, forme six quartiers.

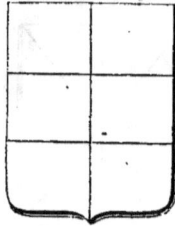

Le parti de trois traits coupé d'un donne huit quartiers.

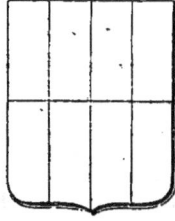

Le parti de quatre traits coupé d'un donne dix quartiers.

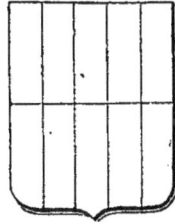

Le parti de trois traits coupé de deux donne douze quartiers.

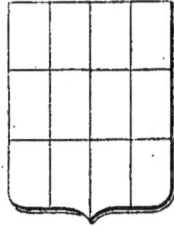

Le parti de trois traits coupé de trois donne seize quartiers.

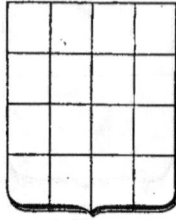

→ *échiqueté*

Le parti de quatre traits coupé de trois donne vingt quartiers.

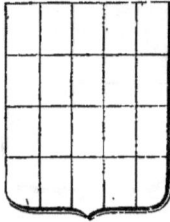

Le parti de sept traits coupé de trois donne trente-deux quartiers.

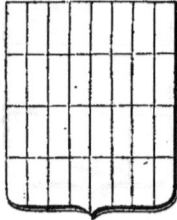

5

Ce dernier nombre est généralement le plus
grand dont les héraldistes se servent. Il y a cependant quelques exemples de répartition et d'écartelures plus compliquées. Toutes ces répartitions
ne servent qu'à distinguer les quartiers d'alliances
des familles, et dans ce cas l'on met au centre de
l'écu, sur la croisure, l'écusson de la famille principale, que l'on dit être *sur le tout*. Si ce dernier
est lui-même écartelé, et qu'un troisième se trouve
à son centre, on dit : *sur le tout du tout*.

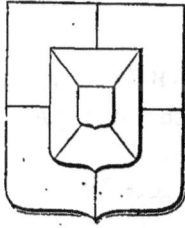

Positions des figures sur l'écu.

On nomme *positions* les diverses places que les
figures doivent occuper sur le champ ou écu.
Elles sont au nombre de neuf, et ont déjà par
elles-mêmes une signification, si l'on compare
l'écu à un être animé. On peut donc, dans ce cas,

supposer que l'écu est l'homme, et que les différentes figures sont la représentation de ses qua-
lités et de ses belles actions. Du reste, c'est là le
but des armoiries.

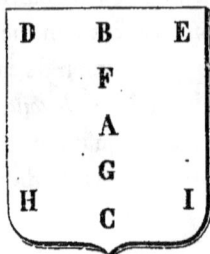

Les trois points D B E réunis sont appelés le *chef*
de l'écu. Ils en occupent la partie supérieure, et
représentent la tête.

B est le *point* du chef.

D, le *canton dextre* du chef. La droite de l'écu
se trouve toujours à la gauche du spectateur.

E, *canton sénestre* de l'écu. Quelques auteurs pensent que ces deux cantons représentent les bras.

F, *point d'honneur*. Il représente le col de l'homme
auquel on suspend les colliers de chevalerie.

A est le milieu ou le *cœur* de l'écu ; on le désigne
aussi sous le nom d'*abîme*. Quand il n'y a qu'une,

figure elle occupe ordinairement cette position, et l'on se dispense dans ce cas d'en faire mention.

G est le *nombril* de l'écu.

H, *flanc dextre.*

I, *flanc sénestre.*

C., *pointe de l'écu,* représente les jambes de l'homme, ainsi que le sol qui le supporte.

On peut, au moyen de ces neuf positions, déterminer toujours avec exactitude la place que les figures ou meubles doivent occuper sur le champ.

ÉMAUX

On donne ce nom à toutes les couleurs employées en armoiries, parce qu'on les peignait en émail sur les armes, les vases d'or et d'argent, et tous les meubles précieux. Les plaques que portaient les hérauts étaient aussi émaillées des couleurs de leurs princes et ont fini par prendre le nom général d'*émail*. La coutume existait aussi de les peindre sur les vitraux ou de les broder sur les vêtements, les tapis et même sur les housses des chevaux.

Sous ce nom d'émaux on reconnaît deux métaux, quatre couleurs et deux fourrures ou pannes

qui constituent toutes les couleurs du blason.
Chacune d'elles a une signification et est l'emblème
d'une idée ou d'une chose. On les nomme : *or,
argent, gueules, azur, sinople, sable, hermine, vair.*

Il a fallu des signes particuliers pour représenter
ces émaux lorsque l'on était privé du secours de
la peinture. Aussi les sculpteurs et les graveurs
ont adopté des traits ou des points dont les dispositions suppléent aux couleurs.

On en attribue l'invention au Père *Petra Santa,*
qui les employa le premier dans un livre intitulé :
Tessera gentilitiæ.

Or.

Ce métal est l'emblème des hautes vertus, telles
que la justice, la clémence et l'élévation de l'âme.
On s'en sert encore pour dénoter la richesse, la
générosité et l'amour. Les vieux auteurs disent
naïvement que ceux qui en portent dans leurs
armes doivent plus que tous autres cultiver les
vertus de la vraie chevalerie.

On le représente en gravure par un pointillé.
(Pl. I, fig. 1.)

Argent.

C'est le second métal employé dans les armoiries.
On ne le représente pas en gravure, c'est-à-dire
qu'on ne fait aucune hachure sur la pièce où il
doit se trouver. Il est l'emblème de l'innocence,
de la beauté et de la franchise. (Pl. I, fig. 2.)

Gueules.

Les croisés rapportèrent des pays d'outre-mer,
non-seulement des récits merveilleux, mais aussi
des images d'objets fantastiques qu'ils cherchaient
à dépeindre avec le peu de mots arabes que leur
fournissait leur mémoire. Une langue si différente,
dont quelques mots étaient jetés dans les narra-
tions, rendait celles-ci plus extraordinaires pour
les auditeurs. Les chevaliers, en se rencontrant dans
cette patrie dont ils avaient été éloignés, aimaient
à se parler en arabe ; c'était un souvenir des dangers
courus ensemble ; c'était comme le signe de
reconnaissance d'une franc-maçonnerie héroïque.
Il n'est donc pas étonnant que le langage des
armoiries ait adopté des expressions orientales,

d'autant plus qu'il avait à peindre des faits accomplis
en Orient. Telle est l'origine du mot *gueules* pour
exprimer la couleur rouge. *Ghiul* , en langue
turque, signifie la rose. C'est aussi le nom géné-
rique de tout ce qui est rouge.

Il faut se garder d'une opinion assez répandue
et qui cependant ne repose sur aucun fondement ;
c'est que l'expression de *gueules* employée en
armoiries a été prise de la gueule des animaux
dont la couleur est rouge *.

Cet émail indique le courage, la vaillance et le
carnage des combats, ainsi que le sang versé pour
le service de l'Etat.

On représente le gueules en gravure au moyen
de hachures verticales de haut en bas. (Pl. I, fig. 3)

Azur.

L'*azur*, nommé par quelques auteurs couleur
saphirique et turquine, est le bleu céleste.

---

* Gille Ménage, en ses Origines, s'exprime ainsi : *Gueules,*
couleur rouge en armoiries, prend son nom de certaines
peaux rouges dont les vêtements étaient ornés; ce qui est
confirmé par saint Bernard : *rubicatas pelliculas, quas gulas
vocant.* Les vêtements de cette couleur étaient en grand
usage chez les Gaulois, et ceux que l'on ornait de peaux
rouges au cou et aux manches se nommaient *gules* ou
goules.

Comme nous l'avons dit au sujet du gueules, c'est encore en Orient qu'il faut chercher l'origine du mot *azur* emprunté à l'expression arabe *azul*, qui signifie bleu céleste, et dont les Grecs modernes ont fait λαξγριον. Elle est le symbole de la douceur, de l'aménité et de la vigilance. Employée pour couvrir le champ, elle représente le ciel. A l'opposé du gueules, on l'indique par des lignes horizontales. (Pl. I, fig. 4.)

Sinople.

Le vert a été ainsi nommé de la ville de Sinope en Paphlagonie. Le Père Ménestrier dit avoir en sa possession la copie d'un manuscrit de l'année 1400, où se trouvent ces mots : *Synoplum utrumque venit de urbe Synopli, et est bonum ; aliud viride, aliud rubicundum. Viride Synoplum seu synopum dicitur Paphlagonicus tonos, et rubicundum vocatur Hamatites Paphlagonica.*

Cette couleur est la moins employée dans les armoiries, justement parce que, nous étant venue d'Orient, elle ne pouvait se trouver sur les écussons des familles dont l'illustration était antérieure aux croisades.

6.

On sait que le vert est encore en Orient la couleur sacrée, et que les ulémas seuls ont le droit de s'en parer. Les héraldistes le regardent comme l'emblème de l'espérance, de la courtoisie et de la joie. La gravure le désigne au moyen de lignes diagonales de droite à gauche. (Pl. II, fig. 5.)

Sable.

On ne s'accorde pas sur l'étymologie de cette expression de *sable*, attribuée à la couleur noire; cependant il est probable que l'opinion qui la désigne comme provenant de *sable, terre,* n'est pas la meilleure. Il serait plus rationnel de croire que nous l'avons prise au mot allemand *zobel*, martre noire, ce qui paraîtrait confirmé par notre mot *zibeline*, donné à cet animal. Cette couleur était souvent adoptée par les chevaliers qui voulaient garder l'incognito, et elle désigne aussi le deuil et la tristesse, la prudence, l'humilité, le dégoût du monde. Les graveurs l'indiquent par des hachures transversales et verticales (Pl. II, fig. 6.)

Hermine.

L'hermine est la peau d'un animal dont la fourrure est entièrement blanche et que l'on a coutume de parsemer de petits lambeaux de peau d'agneau de Lombardie, dont le noir tranche sur l'hermine et en fait ressortir la blancheur.

On représente cette panne par un champ d'argent semé de petites croix de sable desquelles pendent trois branches qui vont en s'élargissant. Ces mouchetures, placées en quinconce, doivent être comptées en blasonnant si leur nombre est inférieur à trois ou quatre sur chaque rang.

Le *contre-hermine* s'obtient en substituant les couleurs, c'est-à-dire en faisant le champ de sable et les mouchetures d'argent. On peut dire aussi *poudré d'argent*.

Cette fourrure est toujours l'indice d'une haute autorité. Les ducs, les chevaliers, les pairs en doublent leurs manteaux. (P. III, fig. 9 et 10.)

Vair.

Le *vair* est composé d'argent et d'azur au moyen de petites cloches opposées les unes aux autres, c'est-à-dire métal à couleur, et alternativement renversées et debout, en commençant par l'argent. (Pl. III, fig. 11.)

Les pièces de vair sont disposées sur quatre rangs ou *tires* dont le premier et le troisième comprennent quatre cloches d'azur et trois d'argent, et sont terminés aux extrémités par deux demi-pièces aussi d'argent.

Lorsque les pièces dépassent ce nombre, on dit : de *menu vair*. Dans le cas contraire, la panne prend le nom de *beffroi*.

Le *contre-vair* se forme en opposant par les bases et par les pointes les pièces de même émail. (Pl. III, fig. 12.)

Il peut arriver aussi que les couleurs soient autres que l'argent et l'azur; on se sert alors du mot *vairé*, et on l'exprime en blasonnant. Le *contre-vairé* se forme comme le *contre-vair*.

Il existe une autre couleur employée rarement en armoiries et qu'on nomme *pourpre*. Prise indifféremment pour la couleur purpurine et le violet, elle n'a jamais été bien déterminée, et quelques héraldistes ont même pensé qu'elle constituait une faute contre les règles du blason. Il est cependant nécessaire de l'admettre parce qu'elle se rencontre sur plusieurs écussons de l'empire

PLANCHE I

Or.

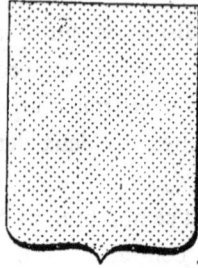

Figure 1.

Argent.

Figure 2.

Gueules.

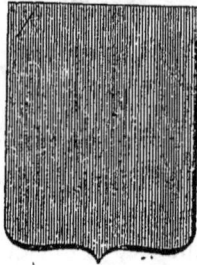

Figure 3.

Azur.

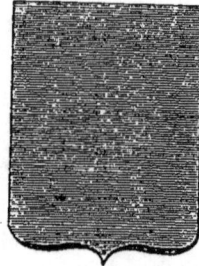

Figure 4.

PLANCHE II

Sinople

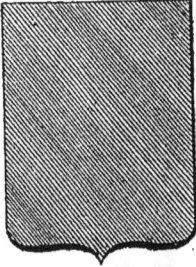

Figure 5.

Sable.

Figure 6.

Pourpre.

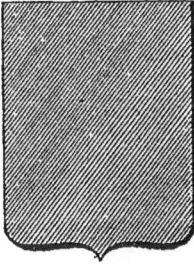

Figure 7.

Orange

Figure 8.

Hermine. *Contr'hermine.*

Figure 9. Figure 10.

Vair. *Contrevair.*

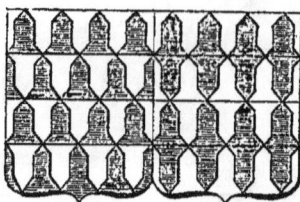

Figure 11. Figure 12.

Écus accollés.

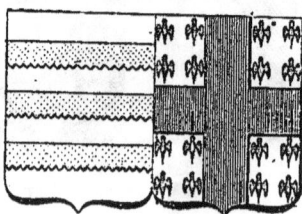

Cossé-Brissac. *Montmorency.*

français et chez les nations étrangères. On la reconnaît en gravure à des traits dirigés de gauche à droite. (Pl. II, fig. 7.)

Les Anglais ont adopté aussi une couleur qu'ils nomment *orangé*. On la représente par un croisé de lignes verticales et de lignes diagonales. (Pl. II, fig. 8.)

L'homme, avec sa couleur naturelle, est dit *de carnation*.

Les animaux, fruits, etc., dans le même cas, sont dits *au naturel*.

Règles à observer pour les couleurs

L'écu rempli d'un seul émail est dit *plein :* d'or plein, de gueules plein. (Pl. I, fig. 1 et 3.)

On ne doit jamais poser métal sur métal ou couleur sur couleur, sous peine d'infraction aux règles du blason. Les cas exceptionnels sont très rares et se disent *cas à enquerre*. Les fourrures, couleurs de carnation ou naturelle, se placent indifféremment sur tous les émaux. Il en est de même du *pourpre*.

DES FIGURES, PIÈCES OU MEUBLES

QUI COUVRENT L'ÉCU

O N appelle *figures* ou *meubles* tous les objets qui se placent sur le champ de l'écu. Leur nombre est infini, car chacun d'eux représentant un fait honorable, un vœu, un souvenir ou même un caprice, on conçoit quelle quantité d'objets peut être employée en armoiries. La guerre, la justice, les sciences, souvent même les épisodes de la vie privée, sont venus payer leur tribut au blason, en apportant tous les signes par lesquels on pouvait en caractériser les différents traits.

On a longtemps répété que les armes les plus
simples indiquaient la plus pure noblesse. Ce
fait, qui peut être vrai, admet cependant un grand
nombre d'exceptions. Des familles possédant des
armes très simples en ont vu successivement mul-
tiplier les meubles à mesure que des membres se
distinguaient et obtenaient du souverain le droit
d'ajouter à leur écusson quelque pièce commé-
morative d'une belle action. Ainsi notre première
maison de France, celle de Montmorency, portait
originairement *d'or à une croix de gueules*. Bouchard
de Montmorency ajouta quatre alérions comme
marque des quatre enseignes impériales conquises
par lui sur l'armée de l'empereur Othon en 978.
Mathieu de Montmorency porta ce nombre à seize,
à cause des douze enseignes qu'il prit à la bataille
de Bouvines, en 1214.

Les figures sont de quatre sortes : 1° héraldiques; 2° naturelles; 3° artificielles; 4° chimériques.

Figures héraldiques

On nomme ainsi des figures formées de divers
signes de convention, et qui sont du plus grand

usage en armoiries. On les divise en pièces de premier ordre ou *honorables*, pièces du second ordre, et pièces du troisième ordre

Pièces héraldiques de premier ordre ou honorables.

Elles sont au nombre de douze, savoir : le *chef*, le *pal*, la *fasce*, la *bande*, la *barre*, la *croix*, le *sautoir*, le *chevron*, la *bordure*, le *franc-quartier*, l'*écusson en cœur* et la *champagne*. Elles sont très fréquemment employées ; leur dimension est tou-jours du tiers de l'écu, sauf pour le franc-quartier, qui n'est que du quart à peu près.

Les anciens auteurs n'en reconnaissaient pas autant ; mais, sous l'empereur Napoléon, le blason ayant été en quelque sorte reconstitué, on a admis douze pièces honorables, parmi lesquelles *la champagne*, qui n'y figurait jamais auparavant.

Le chef.

On le place à la partie supérieure de l'écu, dont il occupe ordinairement le tiers. Il représente le

7

casque du chevalier, le bourrelet, ou même la
couronne qui couvre toujours sa tête.

LA GARDE CHAMBONAS : d'azur au chef d'argent.

Le pal.

Il est le hiéroglyphe de la lance du chevalier,
et du poteau surmonté d'armoiries que chaque
baron faisait dresser devant sa tente ou devant le
pont-levis de son manoir : c'était une marque de
juridiction. On le place dans le sens vertical.

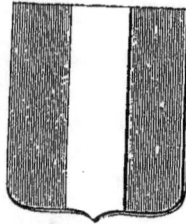

BOLOMIER : de gueules au pal d'argent.

La fasce.

C'est la ceinture du chevalier, dont elle repro-
duisait la couleur et les ornements. Sa dimension
est du tiers de l'écu, et elle en occupe le milieu
dans le sens horizontal.

BÉTHUNE : d'argent à la fasce de gueules.

La bande.

Cette pièce représente l'écharpe passée sur l'é-
paule, ou le baudrier de l'épée. On l'obtient au
moyen d'une diagonale tirée de l'angle supérieur
de droite à l'angle inférieur de gauche.

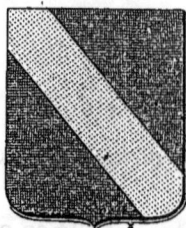

Torcy : de sable à la bande d'or.

La barre.

Elle représente aussi l'écharpe du chevalier, mais disposée dans un sens contraire, c'est-à-dire de gauche à droite. Adoptée comme signe de bâtardise, elle a donné lieu à cette expression : *né du côté gauche*, appliquée à un enfant illégitime. Dans ce cas, elle est ordinairement diminuée de largeur. Celle qui occupe le tiers de l'écu ne peut être considéré comme marque de bâtardise.

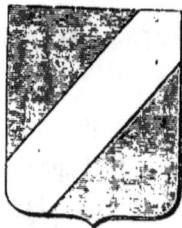

Saint-Clerc : d'azur à la barre d'argent.

La croix.

C'est le signe de notre rédemption qu'adop-
tèrent naturellement les preux dont la dévotion
égalait la bravoure. On la forme au moyen de la
réunion du *pal* et de la *fasce*. Le fameux *labarum*
de Constantin n'était autre chose que la croix, et
elle fut adoptée comme un signe de piété ou de
services rendus à la religion. Les événements en
ont fait varier les formes à l'infini, et nous don-
nerons un chapitre spécial pour indiquer les plus
usitées.

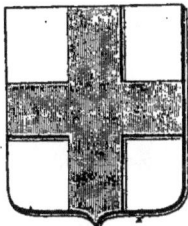

BAUDRICOURT : d'argent à la croix de gueules.

Le sautoir.

On l'obtient au moyen de la *bande* et de la *barre*,
dont il est la réunion. Quelques auteurs l'ont

considéré comme représentant l'étrier, mais il
est plus probable qu'on ne doit y voir qu'une
variété de la croix. Un fait à l'appui de cette
opinion, c'est qu'il est encore nommé *croix de
Saint-André*, ou *croix de Bourgogne*. Ses formes
sont aussi variées que celles de la croix.

ANGENNES : de sable au sautoir d'argent.

Le chevron.

Le chevron a la forme d'un compas ouvert dont
le point de réunion des deux branches serait vers
le chef de l'écu. Il est l'emblème de l'éperon, et
on l'a pris encore pour le signe hiéroglyphique
des toitures de châteaux, des machines de guerre,
et des tours de bois en usage dans les sièges.

VAUBECOURT : de gueules au chevron d'or.

La bordure.

Cette pièce enveloppe l'écu sans le couvrir entièrement, et est un symbole de faveur et de protection. Les souverains l'accordent comme récompense d'un service signalé, indiquant de cette manière qu'ils défendent celui qui en est décoré contre les embûches de ses ennemis.

HOLLAND : de gueules à la bordure d'argent.

Le franc-quartier.

Il occupe un peu moins du quart de l'écu, et se place à l'angle supérieur à dextre. Souvent il sert de brisure.

LAMOIGNON : losangé d'argent et de sable au franc-quartier d'hermine.

L'écusson en cœur.

Plus petit des deux tiers que l'écusson principal, il en occupe le centre ou *cœur*. C'est presque toujours une concession d'un souverain, ou encore une marque d'amour de la part de celui qui le porte. Souvent, dans un tournoi, un chevalier plaçait ainsi au centre de son écu un signe, un rébus, une couleur qui ne pouvaient être compris que de la dame de ses pensées.

BARBEZIEUX : d'or à un écusson d'azur en cœur.

La champagne.

Cette pièce, qui occupe le tiers inférieur de l'écu, est rarement employée en armoiries ; aussi peu d'auteurs la placent-ils au nombre des pièces honorables ou du premier ordre. L'usage en a cependant été consacré dans les armoiries concédées par l'empereur Napoléon, où elle figure au nombre des pièces honorables. Les armoiries accordées aujourd'hui lui conservent le même privilège.

WOODWIL : de gueules au canton sénestre d'argent, à la champagne de même.

8

Figures héraldiques du second ordre.

Ces figures, que quelques auteurs ont comptées au nombre des pièces honorables, sont d'une origine plus récente, et par conséquent d'un usage moins fréquent que ces dernières. La majorité des héraldistes les ayant toujours séparées des pièces honorables, nous sommes obligés de nous conformer à cette autorité, tout en reconnaissant que la réunion des unes et des autres simplifierait beaucoup les règles du blason.

Le nombre de ces pièces s'élève à huit seulement : *le pairle, le canton, le giron, l'orle, le trescheur, la pointe, la pile, le lambel.*

Le pairle.

Il se compose de trois rayons partant du centre de l'écu et s'étendant vers les deux angles du chef et le milieu de la pointe, ce qui lui donne la forme d'un Y grec. Sa signification est incertaine, et n'a jamais été déterminée d'une manière positive par tous ceux qui se sont occupés de la science héraldique. Quelques-uns croient y voir la représentation de la sainte Trinité ; d'autres, celle des trois vertus théologales. Je possède un manuscrit du seizième siècle, où l'auteur soutient que *le pairle est l'emblème de ces trois grandes dévotions du chevalier : son Dieu, son roi, sa dame*. Cette dernière explication paraîtrait assez plausible, s'il n'était plus simple de n'y voir que la réunion du pal, de la bande et de la barre, chacun pour la moitié de sa longueur.

ISSOUDUN (ville) : d'azur au pairle d'or accompagné de trois fleurs de lis mal ordonnées de même.

Le canton.

Plus petit que le franc-quartier, il n'occupe que le neuvième de l'écu, et se place tantôt à l'angle dextre, tantôt à l'angle sénestre du chef.

THOUARS : d'or semé de fleurs de lis d'azur au canton de gueules.

Le giron.

Il n'est autre chose qu'un des quartiers du *gironné*, et s'entend ordinairement de celui qui se meut de la partie supérieure du flanc dextre.

DE CLUSEAU : d'argent au giron de gueules.

L'orle.

C'est une bordure réduite à la moitié de sa largeur ordinaire, et séparée des bords de l'écu de toute la partie qu'on lui a retranchée.

CORNU : de gueules à l'orle d'argent.

Le trescheur ou essonnier.

On nomme ainsi l'orle rétréci dans sa largeur. Il est presque toujours double, et souvent orné de fleurons ou de fleurs de lis.

Le royaume d'ÉCOSSE : d'or au lion de gueules enfermé dans un double trescheur, fleuronné et contre-fleuronné de même.

La pointe.

Pièce triangulaire occupant les deux tiers de la base, et montant en angle aigu jusqu'au chef. Quelquefois elle se meut d'un des flancs de l'écu, et il faut l'exprimer en blasonnant, c'est-à-dire remarquer qu'elle est posée en *fasce,* en *bande,* en *barre,* etc. Elle doit nécessairement diminuer de largeur à sa base, lorsqu'elle se trouve multipliée dans l'écu.

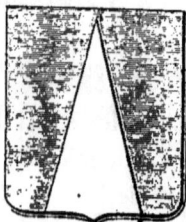

SAINT-BLAISE DE BRUGNY : d'azur à la pointe d'argent.

La pile.

C'est la pointe renversée. Elle peut aussi être multipliée dans l'écu ; dans ce cas elle diminue de largeur.

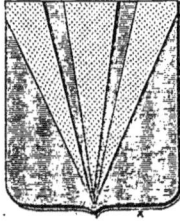

MALISSY : d'azur à trois piles d'or se réunissant vers la pointe.

Le lambel.

Le *lambel* représente un morceau d'étoffe que l'on emploie le plus souvent pour indiquer une brisure de branche cadette. C'est très rarement qu'on le trouve sur l'écu comme charge principale. Il peut avoir depuis trois *pendants* jusqu'à neuf.

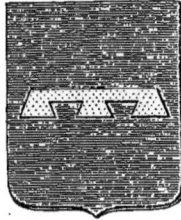

MONFRAIN DE FOUARNEZ : d'azur au lambel d'or.

Figures héraldiques de troisième ordre.

On comprend sous ce nom une quantité de figure carrées ou rondes que l'on emploie en armoiries, et à la plupart desquelles on a donné des noms particuliers. Les figures carrées sont le hiéroglyphe de l'homme de bien qui se montre toujours le même sous toutes ses faces; les figures rondes rappellent le souvenir des convois enlevés à l'ennemi, du ravitaillement des armées, souvent aussi de la rançon exigée des prisonniers, ou de celle que l'on avait payée soi-même pour se racheter des infidèles. Ces pièces ont été considérées comme pièces héraldiques, parce qu'au moyen de certaines combinaisons on peut les employer pour couvrir entièrement l'écu, et leur faire représenter ainsi une sorte d'émail, comme on le verra quand il sera question des *sécantes partitions*.

Les billettes.

Ce sont des pièces de bois carrées, un peu

plus longues que larges, et posées à plat sur
l'écu.

BEAUMANOIR : d'azur à onze billettes d'argent posées 4, 3, 4.

Les carreaux.

Pièces de bois tout à fait carrées, et posées
comme les billettes.

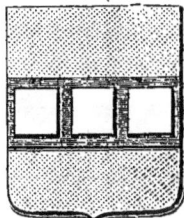

CHOMEL : d'or à la fasce d'azur, chargée de troix carreaux d'argent.

9

Les losanges.

Pièces carrées un peu allongées et posées sur un des angles.

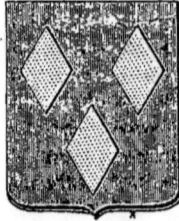

MOLLART : de gueules à trois losanges d'or.

Les fusées.

Losanges très effilés, et quelquefois légèrement arrondis aux angles des flancs.

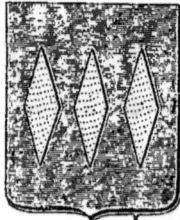

NAGU-VARENNES : d'azur à trois fusées d'or en fasce.

Les macles.

Ce sont des losanges percés à jour au moyen d'une ouverture carrée.

Le Sénéchal Kercado : d'azur à neuf macles d'or, 3, 3, 3.

Les rustes.

Macles ouverts en rond.

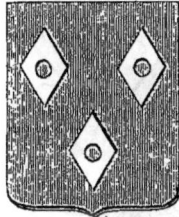

Schesnaye : de gueules à trois rustes d'argent

Les besants.

Figures rondes représentant les pièces de mon-
naie, et pour cette raison toujours de métal.

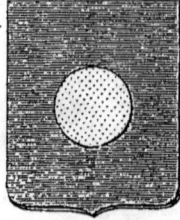

AYMON DE MONTÉPIN : d'azur au besant d'or.

Les tourteaux.

Sont de même forme que les besants, mais de
couleur.

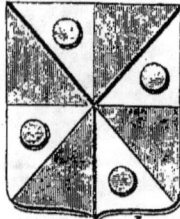

GUITON *en Bourgogne* : gironné d'argent et de gueules à quatre tourteaux
d'azur sur argent.

Besants-tourteaux.

Besants composés à la fois de métal et de couleur. On les reconnaît en ce qu'ils se trouvent toujours sur un champ de couleur.

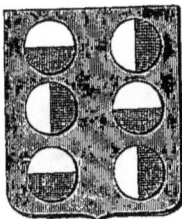

FUENSALDA : de gueules à six besants-tourteaux d'argent et de sable posés 2, 2, 2,
les 1 et 3 à dextre, et le 2 à sénestre coupés, et les trois autres partis.

Tourteaux-besants.

C'est le contraire des besants-tourteaux. Ils
sont placés sur un champ de métal.

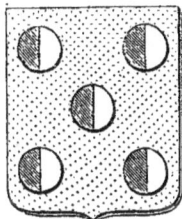

ANGULLOS : d'or à cinq tourteaux-besants partis de sinople et d'argent
posés en sautoir.

DES CROIX

I L y a une si grande variété de croix employées en blason, qu'il est nécessaire de faire un chapitre spécial pour en faire connaître les formes les plus usitées.

Dans un temps où tout se faisait au nom de la religion, où la piété était le mobile de presque toutes les belles actions, le signe du christianisme devait naturellement orner les armes de beaucoup de preux. Chacun voulait une croix ; mais, pour se distinguer des autres, il fallait faire subir à cette pièce une modification, et de là vinrent les formes les plus bizarres que l'imagination puisse se figurer.

Aujourd'hui même des familles anoblies créent de nouvelles formes de croix, et chaque jour ajoute une nouvelle variété à ce nombre déjà si considérable.

Croix simple ou pleine. On se dispense d'indiquer cette forme en blasonnant.

ASPREMONT : d'argent à la croix de gueules.

Croix pattée. Elle est élargie aux quatre extrémités.

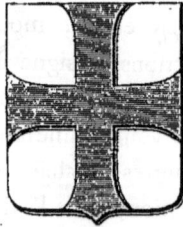

ARGENTRÉ : d'argent à la croix pattée d'azur.

Croix au pied fiché, c'est-à-dire dont le pied est aiguisé pour être enfoncé en terre.

ROUSSET : de gueules à la croix d'argent au pied fiché.

Croix alésée, dont les quatre extrémités ne touchent point aux bords de l'écu.

XAINTRAILLES : d'argent à la croix alésée de gueules.

Croix ancrée, dont les quatre branches se terminent en crochets comme les ancres de vaisseau.

DAMAS : d'argent à la croix ancrée de gueules.

Croix de potence. Elle a la forme d'un T et on là nomme aussi *taf* ou *croix de Saint-Antoine.*

BETTE : d'azur à trois tafs d'or.

Croix potencée, terminée par des potences.

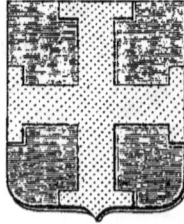

RUBAT : d'azur à la croix potencée d'or.

Croix florencée ou *fleurdelisée.*

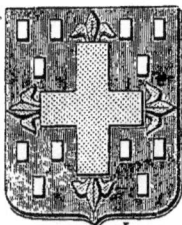

VILLEQUIER : de gueules à la croix fleurdelisée d'or, cantonnée de douze billettes d'argent.

Croix recroisettée, dont les quatre branches forment elle-mêmes des croix.

BIERLEY : d'argent à la croix recroisettée de gueules.

Croix engrêlée. On la nomme ainsi quand elle est garnie de dentelures sur les bords, l'intervalle des dentelures arrondi.

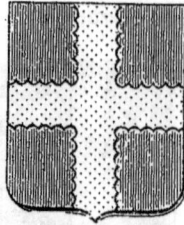

BOUCHAVANNES : de gueules à la croix engrêlée d'or.

Croix dentelée, garnie de dents de scie.

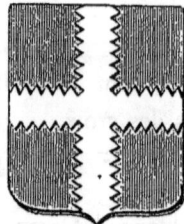

CRETON d'ESTOURMEL : de gueules à la croix dentelée d'argent.

Croix vidée est celle qui est percée à jour.

VENASQUE : d'or à la croix vidée, pommetée et cléchée d'azur.

Croix gringolée, qui se termine aux extrémités par huit têtes de serpent.

KAER : de gueules à la croix d'hermines gringolée d'or.

Croix écotée ou composée de deux troncs écotés.

LAURENCS : d'argent à la croix écotée de gueules.

Croix pommetée, terminée par des boules.

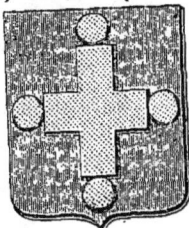

DE L'ISLE : de gueules à la croix pommetée d'or.

Croix de Lorraine. C'est une croix grecque alésée, à double traverse ; celle d'en bas plus longue que l'autre. On la nomme encore croix des templiers ou croix patriarcale.

BOUQUEVAL : écartelé : au 1 et 4 d'argent à la croix de Lorraine de sable ; aux 2 et 3 d'or à la bande d'azur chargée de trois fleurs de lis du champ.

Croix échiquetée.

DUFOSC-RADEPONT : de gueules à la croix échiquetée d'argent et de sable de trois traits, cantonnée de quatre lions d'or lampassés d'azur.

Croix fourchetée, terminée par des espèces de fourches.

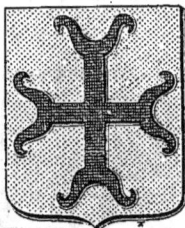

TRUCHIS-KULENTHAL : d'or à la croix fourchetée de sable.

Croix tréflée. Quelques-uns la nomment croix de Saint-Lazare.

SAINT-GOBERT : d'or à la croix tréflée de gueules.

Croix frettée, couverte d'une frette ou treillis.

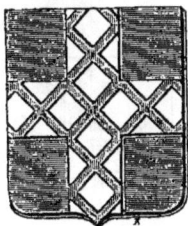

LA RIVIÈRE : d'azur à la croix d'argent frettée de gueules.

Croix entée. Elle se compose de pièces arrondies emboîtées les unes dans les autres.

ENTADES : de gueules à la croix entée en rond d'argent et de sable.

Croix bretessée. Celle qui est crénelée sur toutes ses faces.

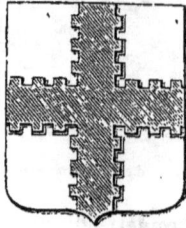

SALICETA : d'argent à la croix bretessée de sinople.

Croix retranchée.

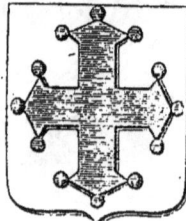

MANFREDI : d'argent à la croix retranchée et pommetée d'or.

Croix recercelée, ressemble à la croix ancrée, mais a ses crochets beaucoup plus recourbés.

MARCILLY : d'or à la croix de gueules recercelée.

PIÈCES HÉRALDIQUES DIMINUÉES

ON donne ce nom aux pièces héraldiques mentionnées plus haut lorsque leur largeur est moindre. Chacune de ces pièces prend alors un nom différent. Elles sont au nombre de douze et se nomment ainsi : le *comble*, la *vergette*, la *divise*, les *burèles*, les *jumelles*, les *tierces*, le *filet*, le *flanchis*, l'*étaie*, la *cotice*, le *bâton* et la *plaine*.

Le comble.

C'est le chef diminué. Il doit être du neuvième de l'écu. On le nomme aussi *chef retrait*.

KEMMERER VON DALBURG : d'azur à six fleurs de lis d'argent ; au comble denché d'or.

La vergette.

Provient du pal dont elle doit être, selon les uns, la moitié ; selon d'autres, le tiers.

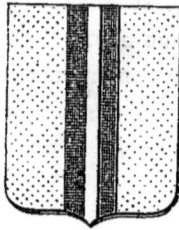

MASY : d'or à un pal de sable chargé d'une vergette d'argent.

La divise ou fasce en divise.

C'est le tiers de la fasce. Elle est quelquefois

haussée ou baissée sur l'écu ; plus petite encore
on la nomme *trangle*.

IVER : d'azur à une divise d'or accompagnée de trois étoiles de même

Les burèles.

La fasce répétée plus de quatre fois dans un écu
prend le nom de *burèle*. On dit que l'écu est *burelé*
quand les espaces entre les *burèles* sont de même
largeur qu'elles.

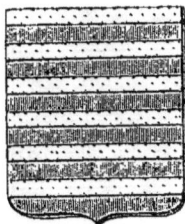

Looz (en Flandre) : burelé d'or et de gueules de douze pièces.

Les jumelles.

On donne ce nom à des fasces rétrécies et posées deux à deux.

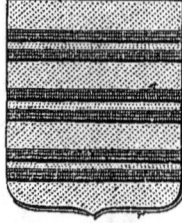

GOUFFIER : d'or à trois jumelles de sable.

Les tierces.

Fasces diminuées qui se posent de trois en trois, comme les jumelles de deux en deux.

BOURBOURG : d'azur à trois tierces d'or.

Le filet.

Se dit de toutes les pièces honorables lorsqu'elles sont réduites à leur plus simple épaisseur. La bordure prend dans ce cas le nom de *filière*.

FOSEZ : écartelé : au 1 et 4 d'azur à un château d'argent ; aux 2 et 3 d'hermine plein, et un filet de gueules en croix brochant sur les écartelures.

Le flanchis.

C'est le sautoir alésé et diminué de largeur.

MIREZ : d'azur au château d'or crénelé de trois pièces, donjonné d'une tour de même, et accompagné de quatre fleurs de lis aussi de même ; à la bordure cousue de gueules chargée de huit flanchis d'or, 3, 2, 3.

L'étai.

C'est le chevron diminué des deux tiers de sa largeur ordinaire.

RECOURT : de gueules à l'étai d'argent, accompagné de trois étoiles d'or, 2 et 1 et soutenant une fasce en divise aussi d'or, surmontée de trois étoiles de même en chef.

La cotice.

C'est le nom que prend la bande réduite des deux tiers. Quelquefois elle se pose en barre.

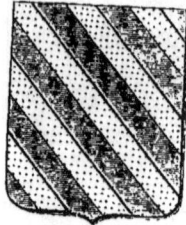

SOULIRE : d'azur à cinq cotices d'or.

Le bâton.

Le *bâton* n'est qu'une cotice rétrécie, mais moins cependant que le filet en bande. On le nomme aussi *traverse;* il prend encore le nom de *bâton péri* lorsqu'il ne touche pas les angles de l'écu. Les branches cadettes s'en servent souvent pour brisure en le posant en bande. Les bâtards le posent en barre; comme la bande, il peut être bretessé, ondé, enté, etc.

SARZAN : d'argent à deux bâtons nébulés posés en bande, le 1 de gueules, le 2 d'azur.

La plaine.

C'est la champagne réduite au tiers de son épaisseur.

12

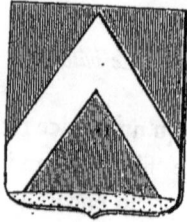

PETITE-PIERRE: de gueules au chevron d'argent à la plaine d'or.

Toutes les pièces héraldiques peuvent être *brochant*, c'est-à-dire passant sur d'autres pièces et les couvrant en partie.

ASNENS DE DELLEY DE BLANCMESNIL: d'azur au lion d'or armé et lampassé de gueules, à deux cotices d'or brochant l'une sur les pattes du lion, l'autre sur la queue.

SÉANCES OU SÉCANTES PARTITIONS

E sont des figures ou plutôt des combinaisons de figures régulières qui couvrent entièrement le champ de l'écu et se composent toujours d'un métal et d'une couleur alternativement. On les nomme aussi *rebattements* parce que leurs émaux étant toujours opposés, ils semblent se rabattre les uns sur les autres. Leur nombre est indéterminé et nous donnons seulement les principales ; ce sont : le *fascé*, le *palé*, le *bandé* et le *barré*, le *chevronné*, le *vairé*, les *points équipollés*, l'*échiqueté*, le *losangé*, le *fuselé*, le *cantonné*, le *fretté*, le *papelonné*, le *plumeté*, le *flanqué*, le *chapé*, le *mantelé*, le *chaussé*, le *chapé-chaussé*, l'*embrassé* et l'*emmanché*.

Le fascé.

L'écu *fascé* est entièrement couvert de fasces de métal et de couleur.

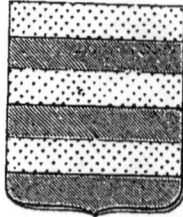

CRUSSOL : fascé d'or et de sinople de six pièces.

Le palé.

Écu couvert de pals.

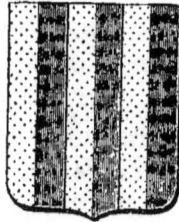

BRIQUEVILLE : palé d'or et de gueules de six pièces.

Le bandé et le barré.

Écu couvert de bandes ou de barres.

FIESQUE : bandé d'azur et d'argent de six pièces.

Le chevronné.

C'est la partition de l'écu au moyen de chevrons, tous de même épaisseur et alternativement de métal et de couleur.

PLOEUC, *en Bretagne* : chevronné d'hermine et de gueules de six pièces.

Le vairé

Nous avons déjà donné l'explication de ce mot au chapitre des émaux.

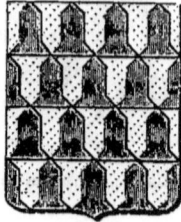

KERGORLAY : vairé d'or et de gueules.

Les points équipollés.

On les obtient en divisant l'écu au moyen du parti de deux traits coupé d'autant. Il en résulte des divisions égales dont chacune est considérée comme meuble, et qui doivent toujours alterner de métal et de couleur. Leur nombre n'est jamais moindre de neuf et ne peut dépasser quinze. Dans ce dernier cas l'équipollé se forme avec le parti de deux, coupé de quatre ; mais la plupart des auteurs n'admettent les points équipollés qu'au nombre de neuf.

La Roche-d'Athènes : cinq points de gueules équipollés à quatre d'hermine.

L'échiqueté.

S'obtient par le parti de cinq traits coupé d'autant, et remplit l'écu de trente-six carrés égaux. Ces carrés ou points sont disposés entre eux comme dans l'équipollé. Si leur nombre est inférieur à trente-six, il faut l'indiquer en blasonnant. L'échiqueté est souvent employé en armoiries comme signe hiéroglyphique du champ de bataille.

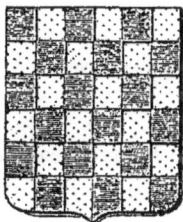

Le Nain : échiqueté d'or et d'azur.

Le losangé.

Il se compose de losanges de métal et de couleur, et comprend autant de divisions que l'échiqueté, mais obtenues par le tranché et le taillé, huit sur huit. L'écu se trouve ainsi couvert par vingt-huit points entiers et seize demi.

TURPIN DE CRISSÉ : losangé d'argent et de gueules.

Le fuselé.

Le *fuselé* est le même que le losangé, seulement il faut disposer les traits en sorte que les losanges soient très effilées. Il faut toujours indiquer si l'écu ést losangé ou fuselé de moins de trente-six points.

GRIMALDI MONACO : fuselé d'argent et de gueules.

Le cantonné.

On nomme ainsi les espaces laissés visibles sur le champ par la croix ou le sautoir. L'usage indique quelques autres cas où cette expression est employée.

TIERCELIN : d'argent à deux tierces d'azur posées en sautoir, cantonnées de quatre merlettes de sable.

Le fretté.

Se compose de barres et de bandes prises au nombre de six et posées les unes sur les autres en forme de treillis, de manière à laisser entre elles des espaces vides où l'on voie le fond de l'écu. Le *fretté* prend le nom de treillis lorsque les points de réunion des bandes et des barres sont cloués d'un émail différent.

MONTJEAN : d'or fretté de gueules.

Le papelonné.

On dit l'écu *papelonné* lorsqu'il est couvert de pièces arrondies et placées les unes sur les autres comme des écailles de poisson. Quelques héraldistes pensent que ce sont des ailes de papillon.

Le bord seul des écailles est le papelonné, et l'intérieur représente le champ de l'écu.

FOUILLEUSE-FLAVACOURT : d'argent papelonné de gueules, à trèfles renversés de même.

Le plumeté.

Ce sont des bouts de plumes jonchés et rangés les uns à côté des autres, alternativement de métal et de couleur.

CEBA : plumeté d'argent et d'azur.

Le flanqué.

On nomme ainsi les deux partitions de l'écu produites par l'écartelé en sautoir et qui meuvent de chaque flanc de l'écu. Dans l'exemple suivant, les flanqués sont arrondis au lieu de finir en pointe et de se toucher au cœur de l'écu.

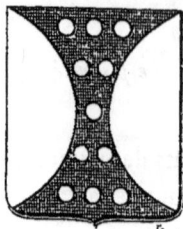

SPELMEN : de sable à onze besants d'argent, flanqué de même en rond.

Le chapé.

Dans l'exemple suivant il faut remarquer que le

fond de l'écu est représenté par l'argent et le *chapé* par le pourpre.

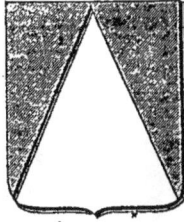

HAUTIN : d'argent chapé de pourpre.

Le mantelé.

Le *mantelé* est le même que le chapé, sauf qu'il couvre les trois quarts de l'écu.

GHISI : d'argent mantelé de gueules.

Le chaussé.

C'est le contraire du chapé.

LICKENSTEIN : d'argent chaussé de gueules.

Le chapé-chaussé.

C'est la réunion dans le même écu du chapé et du chaussé. On dit *vêtu* lorsqu'ils sont l'un et l'autre de même émail.

CORRARIO : d'argent coupé d'azur, chapé-chaussé de l'un en l'autre.

L'embrassé.

On dit *embrassé* à *dextre* ou à *sénestre* lorsque le chapé est mouvant de l'un ou l'autre flanc.

DOMANTS : d'argent embrassé à sénestre de gueules.

L'emmanché.

Se dit des partitions de l'écu s'enclavant les unes dans les autres en forme de longs triangles. L'*emmanché* peut se faire en pal, en chef, en pointe, en barre et en bande.

PERSIL : emmanché en bande de gueules de trois pièces et deux demies sur argent.

On dit encore : *contre-palé*, *contre-fascé*, *contre-bandé*, lorsque les pals, fasces, bandes, etc., sont opposés les uns aux autres, c'est-à-dire couleur à métal et métal à couleur dans un écu palé ou coupé, comme dans l'exemple suivant :

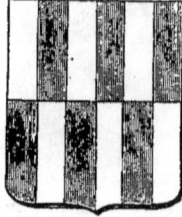

JOINVILLE : palé-contre-palé d'argent et de gueules de six pièces.

Nous ajouterons encore un exemple de rebattement qui se reproduit fort souvent en armoiries. On le nomme de l'un en l'autre.

FEZAY : parti d'argent et de gueules à la croix ancrée, ajourée en carré, de l'un en l'autre.

FIGURES NATURELLES

LES figures naturelles sont l'image de tous les corps qui appartiennent à la création, comme les astres, les éléments, les hommes, les animaux, les plantes, etc. Elles sont d'un usage fort répandu, et quelques-unes prennent des noms particuliers dans le langage héraldique. Ces figures sont à l'infini : en voici seulement quelques-unes pour servir d'exemples.

Le soleil. Se représente par un cercle parfait avec deux yeux, nez et bouche. Il est entouré de seize rayons, huit droits et huit ondoyants, posés alternativement. Il est levant quand il meut de

l'angle dextre du chef, et couchant quand il meut
de l'angle sénestre.

TRESSÉOL : d'azur à trois soleils d'or.

Ombre de soleil. On nomme ainsi le soleil quand
il n'est représenté qu'au trait et de même émail
que le fond. Plusieurs auteurs lui donnent aussi
ce nom quand il est de couleur comme dans
l'exemple suivant :

HURAULT-DE-VIBRAYE : d'or à une croix d'azur, cantonnée de quatre soleils
ou ombres de soleils de gueules.

Le croissant. Se représente ordinairement avec les pointes en haut. On doit indiquer en blasonnant s'il se trouve dans une autre position. On le dit *versé* quand il a les pointes en bas.

JOUFFREY : d'azur au croissant d'argent ; au chef d'or chargé de trois étoiles de sable.

L'*arc-en-ciel.* On le blasonne avec ses couleurs naturelles.

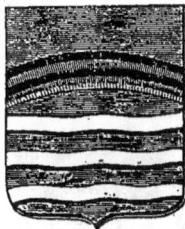

LARCHER : d'azur à trois fasces ondées d'argent, surmontées d'un arc-en-ciel au naturel.

Les étoiles. N'ont ordinairement que cinq points ou rayons.

D'Hozier : d'azur à la bande d'or et six étoiles de même en orle

Il faut indiquer si les étoiles ont plus de cinq rais.

Chateauneuf : d'or à une étoile à huit rais de gueules.

Les nuées.

Morelly : d'azur à une nuée d'argent en bande, traversée de trois foudres
d'or posés en barre

Les comètes. Paraissent dans l'écu en forme d'étoiles à huit rais dont un inférieur s'étend en ondoyant et se terminant en pointe, et forme une espèce de queue qui, pour être dans une proportion convenable, doit avoir trois fois la longueur des autres rais.

RONVISY : d'azur à la comète d'or ondoyante de la pointe.

Le feu. Il peut être de couleur ou de métal.

PRANDNER : d'or à deux flambeaux de sable, allumés d'argent et passés en sautoir.

L'eau. Elle est le plus souvent d'argent, ombrée d'azur.

TRANCHEMER : de gueules coupé en ondé sur une mer d'argent, ondoyée, ombrée d'azur ; à un couteau d'or, mi-fiché dans la mer, le manche sur le gueules.

L'homme.

COMARES DE CORDOVA : coupé : au 1 fascé d'or et de gueules; au 2 d'argent au roi de Grenade enchaîné par le cou à une chaîne mouvante du flanc sénestre ; le tout de carnation et au naturel.

La femme.

Hibon de Frohen : d'argent à trois bustes. de reines de carnation,
couronnées d'or, posées 2 et 1

Les yeux.

Santeuil : d'azur à la tête d'Argus d'or, c'est-à-dire à une tête
couverte d'yeux.

Les bras. Le droit est nommé dextrochère, et le
gauche sénestrochère.

DESMARETS : d'azur au dextrochère d'argent, tenant une plante de trois lis
de même.

Les mains. On les dit *appaumées* lorsqu'elles
sont étendues et montrent la paume.

NEILSON *en Ecosse et en France* : d'argent au chevron de gueules accompagné
de trois mains appaumées d'azur, deux en chef et une en pointe.

La Foi. Ce sont deux mains jointes posées en fasce.

VIC : de gueules à une foi d'argent mouvante des deux flancs, surmontée
d'un écu d'azur à la fleur de lis d'or et à la bordure de même.

Les jambes.

RABENSTEINER : de gueules à trois jambes, armées et éperonnées d'argent, jointes ensemble par les cuisses sur le cœur de l'écu.

Les os de l'homme.

GATTINARI : d'azur à deux os de jambes de mort d'argent, passés en sautoir, cantonnés de quatre fleurs de lis de même.

Le lion rampant, c'est-à-dire levé sur ses deux pieds de derrière. Le lion doit ordinairement avoir le bouquet de la queue tourné vers le dos,

15

et la tête de profil. Sa langue sort de sa gueule et
est courbée et arrondie à l'extrémité.

BONNEVAL : d'azur au lion d'or armé et lampassé de gueules.

On voit cependant sur beaucoup d'anciens
sceaux le lion avec la queue tournée en dehors, et
c'est le mode le plus fréquent.

SAULX-TAVANNES : d'azur au lion d'or armé et lampassé de gueules.

Le lion posé. Quand il repose sur ses quatre
pieds.

CHATEIGNER DE LA ROCHE-POSAY : d'or à un lion posé de sinople.

La tête du lion. On la dit *arrachée* lorsque des lambeaux de chair pendent du cou.

CHALANÇON : de gueules à trois têtes de lion arrachées d'or.

Le léopard. Il doit être passant et la tête tournée de face. Le bouquet de la queue se trouve en dehors,

PAULMY D'ARCENSON : d'azur à deux léopards courounés, d'or.

Dans quelques cas on représente le léopard assis.

SCHERTELEN : d'azur à un léopard d'or assis et montrant tout le devant de son corps, tenant de la patte dextre une clef d'argent, et de la sénestre une fleur de lis d'or.

Le lion léopardé. C'est le lion passant, c'est-à-dire dans la position affectée au léopard.

VALENCIENNES (ville) : d'argent à deux lions léopardés de gueules l'un sur l'autre.

Le léopard lionné. C'est le léopard rampant c'est-
à-dire levé sur ses pieds de derrière.

Solms : coupé de gueules et d'argent, au léopard lionné et couronné de
l'un en l'autre.

Le cerf. Toujours de profil et passant; très
rarement courant ou couché.

Mac-Carthy : d'argent au cerf passant de gueules, ramé· de dix cors
et onglé d'or.

La rencontre ou *tête de cerf.* On nomme *massacre*
les bois tenant à un morceau du crâne.

CORNULIER : d'argent au rencontre de cerf d'azur surmonté d'une
moucheture d'hermine.

Le cheval. On le dit *cabré·* ou *effrayé* lorsqu'il
n'est posé que sur ses pieds de derrière, et *gai*
lorsqu'il est sans bride ni-licou.

LA CHEVALERIE : de gueules au cheval gai et effrayé d'argent,
allumé du champ.

La tête du cheval. Toujours de profil.

LA CROIX-CHEVRIÈRES : d'azur à la tête et cou de cheval d'or ; au chef
cousu de gueules chargé de trois croisettes d'argent.

Le bœuf ou *la vache*. Le bœuf a pour le distinguer un floquet de poils sur le front. Il est toujours de profil.

PUGET : d'argent à une vache de gueules ayant entre les cornes une étoile d'or.

Le rencontre ou *tête de bœuf*. On le pose de face.

BOUVET : de gueules au rencontre de bœuf d'or.

Le bélier. A les cornes en forme de volute, et est presque toujours passant. On le dit *sautant* quand il est debout. Sa tête, nommée *rencontre de bélier*, est posée en face.

Belin (le) : de sinople à trois béliers accornés d'argent, les deux du chef sautants et affrontés, et celui de la pointe posé en pied.

Le chien. On ne représente guère en blason que les braques et les lévriers, et passants ou courants.

Nicolaï: d'azur au lévrier courant d'argent, accolé de gueules et bouclé d'or.

L'éléphant. On le dit armé et onglé quand ses défenses et ses pieds sont d'émaux différents.

HAUGEN : coupé de gueules sur argent, à un demi-éléphant rampant et
contourné (tourné à sénestre) de l'un en l'autre.

Les proboscides ou *trompes d'éléphant*.

FILTZ : de gueules parti d'argent à deux proboscides de l'un à l'autre,
adossées, les naseaux en haut.

Le sanglier. De profil en passant. La tête se
nomme *hure :* le nez se nomme *boutoir.* On le dit
défendu en parlant de ses défenses.

16

FÉVRIER DE LA BELLONIÈRE : d'argent au sanglier de sable défendu
et allumé de gueules

L'écureuil ou écurieux.

FOUQUET DE BELLE-ISLE : *en Bretagne,* d'argent à l'écureuil rampant de gueules

Le lapin ou connil.

AYDIE : de gueules à quatre lapins d'argent.

L'ours. De profil, ne montrant qu'un œil et une oreille.

BERNE (canton suisse) : de gueules à la bande d'or, chargée d'un ours de sable, passant.

Le limaçon. Il est toujours représenté hors de sa coquille et montrant les cornes.

ALESSO : d'azur au sautoir d'or, cantonné de quatre limaçons de même.

La couleuvre. Elle paraît toujours formant des sinuosités en ondes, posée en pal et la tête en fasce.

COLBERT : d'or à la couleuvre d'azur posée en pal.

Le dauphin. De profil et courbé en demi-cercle, la hure et le bout de la queue ordinairement tournés vers le flanc dextre de l'écu. On le dit *couché* quand ses extrémités regardent la pointe de l'écu ; *versé* quand elles regardent le chef ; *pâmé* quand il a la gueule ouverte et l'œil fermé.

FOREZ (province) : de gueules au dauphin d'or.

Les chabots. Petits poissons de rivière que l'on pose en pal, la tête en haut.

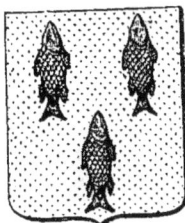

CHABOT : d'or à trois chabots de gueules.

Les bards ou *barbeaux*. Mis de profil et un peu courbés en portion de cercle.

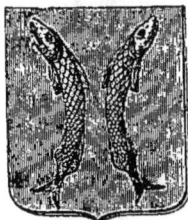

POISSON DE MARIGNY : de gueules à deux bards adossés d'or.

Les écrevisses. Toujours posées en pal, c'est-à-dire la tête vers le haut de l'écu.

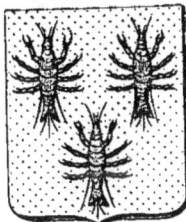

THIARS DE BISSY : d'or à trois écrevisses de gueules.

Les coquilles. Les plus grandes sont nommées *coquilles de Saint-Jacques* et les petites *coquilles de Saint-Michel.*

METTERNICH : d'argent à trois coquilles de sable.

Les vannets. Coquilles dont on voit l'intérieur.

GARS : d'argent à trois bandes de gueules au chef de sinople chargé de trois vannets d'or.

L'aigle. En blason, l'aigle est du genre féminin. Son attitude est d'avoir les ailes ouvertes, et l'on dit qu'elle a le vol abaissé quand ses ailes sont

tournées vers la pointe de l'écu. On voit souvent
l'aigle avec deux têtes. On la nomme dans ce cas
éployée, mais on doit alors la ranger au nombre des
figures chimériques.

FALETANS : de gueules à l'aigle d'argent.

Les aiglettes. L'aigle est ainsi nommée lorsqu'elle
est répétée plusieurs fois dans l'écu. Elle conserve
du reste toutes les formes de l'aigle héraldique.

GONZAGUE : d'argent à une croix pattée de gueules cantonnée de quatre aiglettes
de sable, membrées et becquées de gueules ; la croix chargée d'un écusson
de gueules au lion d'or, écartelé d'or à trois fasces de sable.

Les alérions. C'est le nom qu'on donne aux aiglettes sans bec ni pattes. L'alérion peut être seul ou en nombre dans un écu.

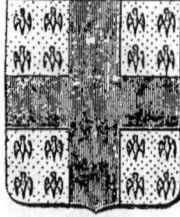

MONTMORENCY : d'or à la croix de gueules cantonnée de seize alérions d'azur.

Le vol de l'aigle. Ce sont les deux ailes de l'aigle ; une seule aile se nomme *demi-vol*. Le vol est dit *abaissé* quand le bout des ailes est tourné vers la pointe de l'écu.

OSMONT : de gueules au vol renversé d'hermine.

Le pélican. On le représente de profil sur son

aire, les ailes étendues et se becquetant la poitrine
pour nourrir ses petits au nombre de trois. On
nomme *piété* les gouttes de son sang lorsqu'elles
sont d'autre émail que l'oiseau.

Le Camus: de gueules au pélican d'argent, avec sa piété de gueules, dans son
aire ; au chef cousu d'azur, chargé d'une fleur de lis d'or.

Le coq. Il peut être crêté, barbé et membré d'un
émail différent.

Lattaignant : d'azur à trois coqs d'or, 2 et 1.

17

On le dit chantant lorsqu'il a le bec ouvert.

GALLART *en Catalogne :* d'azur au coq d'or chantant, crêté et barbé de gueules.

Le cygne. Se représente comme le cygne ordinaire.

PARAVICINI : de gueules à un cygne d'argent membré et becqué de sable.

La grue. Oiseau qu'on représente de profil, la
patte dextre levée tenant un caillou qu'on nomme
vigilance, et qui ne s'exprime que lorsqu'il est
d'émail différent.

GRIGUETTE : de gueules à la grue et sa vigilance d'argent.

Le paon. On le dit *rouant* lorsqu'il est de front, étalant sa queue en forme de roue. Sa tête est ornée de trois plumes en aigrette.

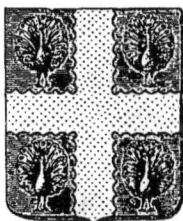

BACHELIER : d'azur à la croix engrêlée d'or, cantonnée de quatre paons rouants d'argent.

Les canettes. Petites canes représentées de profil.

POYANNE : d'azur à trois canettes d'argent.

Les merlettes. Petits oiseaux posés de profil comme les canettes, mais sans bec ni pieds.

DUGON ou' D'HUGON : d'argent à trois merlettes de sable, 2 et 1.

Le papillon. Il paraît de front dans l'écu et le vol étendu. On le dit *miraillé* lorsque les points marqués sur les ailes sont d'émail différent.

BARIN LA GALISSONIÈRE : d'azur à trois papillons d'or.

Les mouches ou *taons.* On nomme ainsi en blason les mouches à miel.

DE THOU : d'argent au chevron de sable accompagné de trois taons de même

Les doublets. Moucherons posés de profil.

DOUBLET DE PERSAN : d'azur à trois doublets d'or, 2 et 1, volants en bande.

Les arbres. On les dit *futés* quand le fût est d'un autre émail; *arrachés* quand on voit les racines; *écotés*, quand les branches sont coupées ; *effeuillés*, quand ils n'ont point de feuilles.

BOISLINARD : d'argent à l'arbre de sinople, à la bordure engrêlée de gueules.

Les lis de jardin.

JOLY DE FLEURY : d'azur à un lis au naturel ; au chef d'or chargé d'une
croisette pattée de sable.

Fleur de lis. Il serait peut-être plus rationnel de les ranger parmi les figures artificielles ; mais l'usage les fait toujours considérer comme fleurs naturelles.

FRANCE : d'azur à trois fleurs de lis d'or.

Fleur de lis au pied nourri. Celle dont on ne voit que la partie supérieure.

VIGNACOURT : d'argent à trois fleurs de lis au pied nourri de gueules.

Fleur de lis épanouie. On lui donne ce nom quand elle est ouverte et ornée comme ci-dessous.

FLORENCE (ville) : d'argent à une fleur de lis épanouie de gueules.

La rose. Elle a cinq feuilles extérieures, un bouton au milieu et cinq pointes entre les feuilles, représentant les épines, d'autres disent les boutons.

LE VASSEUR : d'or à une rose de gueules, boutonnée de sinople.

La grenade. On représente ce fruit avec une
espèce de couronne à pointes ; au milieu est une
ouverture oblongue laissant voir les grains. La
tige se trouve au-dessous avec quelques feuilles.

BONNEAU : d'azur à trois grenades d'or feuillées et tigées de même,
ouvertes de gueules.

Ancolies ou *fleurs d'ancolies.*

VERSORIS : d'argent à la fasce de gueules accompagnée de trois fleurs
d'ancolies d'azur, tigées et feuillées de sinople.

Les trèfles. Ils ont toujours une tige.

GIRARD : d'azur à trois trèfles d'or.

Les tiercefeuilles. Trèfles sans queue. On nomme *refentes* l'espace compris entre les feuilles.

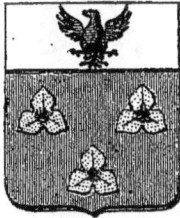

PRIE : de gueules à trois tiercefeuilles d'or, au chef d'argent chargé d'une aiglette de sable.

Les quartefeuilles. Fleurs à quatre feuilles, ou fleurons sans tige.

18

PHELIPEAUX : d'azur semé de quartefeuilles d'or ; au canton d'hermine.

Les quintefeuilles. Fleurs de pervenche de cinq feuilles. On nomme *angène* celle dont les feuilles sont arrondies.

RENOUARD : d'argent à une quintefeuille de gueules.

Les coquerelles. Noisettes dans leurs gousses, jointes ensemble au nombre de trois.

NOISET DE BARRA : d'argent à la croix de gueules chargée d'une épée d'argent garnie d'or, la pointe en haut, cantonnée de quatre coquerelles de sinople, au chef d'azur chargé d'un soleil d'or.

Le créquier ou *prunier sauvage*. Sa forme est presque fantastique.

CRÉQUI : d'or au créquier de gueules.

Les glands. On les représente avec le gobelet et une petite tige, et on les dit *renversés* lorsque le gobelet est en bas.

DUCHESNE : d'or à trois glands tigés et feuillés, de sinople, renversés, surmontés d'une étoile de gueules.

FIGURES ARTIFICIELLES

O N nomme figures artificielles toutes celles qui sont le produit de l'art et que la main des hommes a créées. Elles sont presque aussi variées que les figures naturelles, et l'on ne peut en donner une nomenclature complète. Voici seulement les plus usitées, ou celles qui ont reçu en blason une dénomination différente de celle du langage ordinaire.

Anilles. Ce sont les fers de meules de moulins. Quelques auteurs, cependant, font une différence entre les anilles et les fers de moulin.

HABERT DE MONTMORT : d'azur au chevron d'or accompagné de trois
anilles d'argent.

Annelets. Ce sont des anneaux ou bagues.

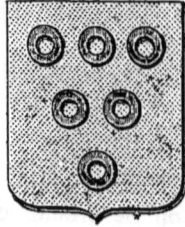

CAILLEBOT : d'or à six annelets de gueules, posés 3, 2, 1.

Badelaires. Epées recourbées.

COURTJAMBE : échiqueté d'argent et de sable à deux badelaires de gueules en
bande, pommetées, croisées, virolées et clouées d'or, les pendants en sautoir.

Bouterolles. Bouts de fourreaux d'épée.

ANGRIE : d'argent à trois bouterolles de gueules.

Broies. Espèce de festons employés seulement dans un petit nombre d'armoiries.

JOINVILLE : d'azur à trois broies d'or, liées d'argent, mal ordonnées.

Béliers militaires. Instruments dont on se servait autrefois pour battre les murailles en brèche.

BERTY : d'argent à trois béliers militaires d'azur, enchaînés et liés d'or, et
rangés en fasces, posés l'un sur l'autre.

Chandeliers. Ce sont ordinairement ceux dont
on se sert pour le service de l'autel.

DIEUXYVOIE : d'azur au chandelier à trois branches d'argent, accompagné
en chef d'un soleil d'or.

Chaînes. Elles représentent les fers des prisonniers, ou bien encore les chaînes que l'on tendait
en travers des rues ou des rivières pour embarrasser
l'ennemi.

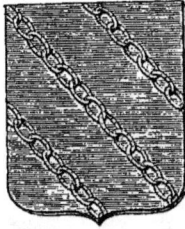

CADENET : d'azur à trois chaînes d'or posées en trois bandes.

Chausse-trapes. Pièces de fer à quatre pointes
dont l'une est toujours droite, tandis que les
trois autres la soutiennent. On les sème aux
endroits où doit passer la cavalerie, pour blesser
les pieds des chevaux.

ESTRAPES : d'argent au chevron de gueules accompagné de trois
chausse-trapes de sable.

Clefs. Une seule se met en pal ; deux se
passent en sautoir.

19

CLERMONT-TONNERRE : de gueules à deux clefs passées en sautoir, d'argent.

Clous. On les nomme *clous de la passion* quand ils sont triangulaires.

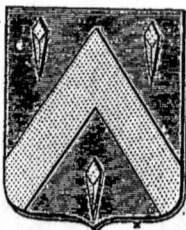

CABIL : d'azur au chevron d'or accompagné de trois clous de même.

Cornière. Signifie en blason une anse de pot. C'est aussi l'anse placée aux angles des tables, coffres, etc., afin de pouvoir les soulever plus aisément.

LABENSCHKER : d'azur à une cornière d'argent.

Couronnes. Les couronnes, qui sont des ornements extérieurs, figurent quelquefois comme
meubles de l'écu.

BAZIN DE BEZONS : d'azur à trois couronnes ducales d'or.

Doloires. Haches sans manche dont on se servait autrefois pour dépecer les animaux tués à la
chasse. On dit aussi *douloires*.

RENTY: d'argent à trois doloires de gueules, les deux du chef
affrontées.

Fermaux. Boucles de ceinture ou de baudrier.

GRAVILLE: de gueules à trois fermaux d'or.

Gonfanon. Bannière d'église à trois pendants ou
fanons.

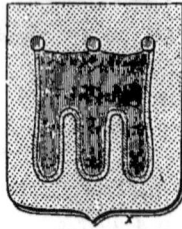

AUVERGNE : d'or au gonfanon de gueules frangé de sinople.

Grillets ou *grelots*. Petites sonnettes rarement mises en nombre dans l'écu. Elles sont ordinairement au cou ou aux pattes des oiseaux de proie employés pour la chasse.

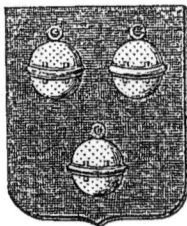

GUICUARD : de sable à trois grillets d'or, bouclés et bordés d'argent.

Hameide. Figure composée de trois pièces de bois ou poutres mises en fasces, et ne touchant pas les bords de l'écu.

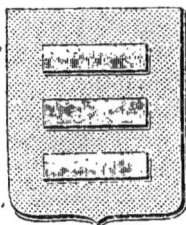

HAMEIDE EN HAINAULT : d'or à une hameide de gueules.

Herse. Barrière qui sert à fermer les portes des villes au moyen d'une coulisse dans laquelle elle se meut.

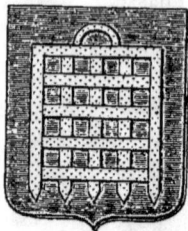

MORIENVILLE : d'azur à la herse d'or.

Hie. Instrument qui sert à planter des pieux ou à paver. C'est une espèce de fusée allongée, garnie de deux anneaux, l'un en haut et l'autre en bas.

DAMAS JOUANCY : d'argent à la hie de sable posée en bande, et six roses de gueules en orle.

Houssettes ou *houseaux*. Espèces de chausses.

ARTIER : d'azur au chevron d'or accompagné de trois houssettes
de même.

Huchet. Petit cor de chasse. Il ne doit pas avoir
d'attache ; mais on observe peu cette règle.

SALINS LA NOCLE : de gueules à la bande d'or accompagnée d'une rencontre
de cerf de même en chef, et d'un huchet aussi de même en pointe.

Maçonné. On nomme ainsi les traits qui paraissent en forme de filets entre les pierres d'une
muraille, et qui sont le plus souvent de sable.

MARILLAC : d'argent maçonné de sable de sept pièces remplies de six merlettes de sable et d'un croissant de gueules en abîme.

Maillets. Marteaux de bois destinés à différents usages.

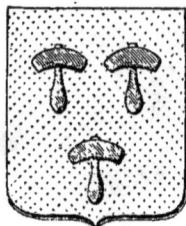

MAILLY : d'or à trois maillets de sinople.

Manche mal taillée. Espèce de figure que l'on pourrait considérer comme fantastique. Quelques-uns cependant lui donnent la forme d'une véritable manche.

HASTINGS : d'or à une manche mal taillée de gueules.

Manipule. On nomme ainsi en armoiries la main et le bras revêtus de l'ornement ecclésiastique que portent les prêtres à l'autel, et qui est nommé manipule.

VILLIERS DE L'ISLE-ADAM : d'or au chef d'azur, chargé d'un dextrochère d'argent mouvant de sénestre, revêtu d'un manipule d'hermine pendant sur l'or.

Molettes d'éperon. Ce sont des étoiles à six rais et percées au centre. L'éperon tout entier entre aussi quelquefois en armoiries.

20

MARLE : d'argent à une bande de sable chargée de trois molettes du
champ.

Monde. C'est le globe terrestre. On le surmonte
toujours d'une croix.

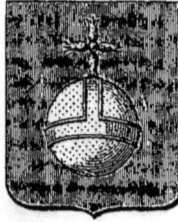

COURTEN : de gueules à un monde ceintré et croisé d'or.

Navire. Toutes les différentes formes de navire
peuvent être représentées en blason, mais il faut
alors les indiquer clairement. L'expression isolée
de navire s'applique à la forme suivante.

AUVILLIERS : d'azur au navire d'argent, équipé de gueules sur une mer
d'argent ; au chef d'or chargé d'une aiglette d'azur.

Otelles. Figures semblables à une amande pelée ;
d'autres croient y voir un fer de lance, ce qui est
plus probable.

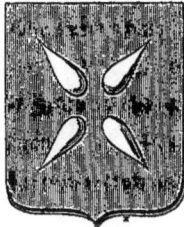

COMMINGES : de gueules à quatre otelles d'argent adossées et posées
en sautoir.

Patenôtre. Chapelet.

L'Hermite : de sinople au patenôtre d'or, fini de deux houppes, la croix en chef, mis en chevron, accompagné de trois quintefeuilles d'argent.

Phéons. Fers de flèches aigus et dentelés.

Walsh : d'argent au chevron de gueules accompagné de trois phéons de sable.

Pignates. Pots ou vases à une anse sur le côté.

Pignatelli : d'or à trois pignates de sable, les deux du chef affrontées.

Pont. On doit toujours mentionner le nombre
.d'arches.

PONTAC : de gueules au pont à quatre arches d'argent, sur une rivière de
même, ombrée d'azur, et supportant deux tours du second.

Rais d'escarboucle. Eepèce de roue sans jantes
dont le moyeu est une pierre précieuse, et dont
les rayons, au nombre de huit, sont fleuronnés
ou fleurdelisés aux extrémités.

GIRY : d'azur au rais d'escarboucle d'or.

Roc ou *roquet*. Fer de lance recourbé en deux sur les côtés. Il représente aussi une pièce d'échiquier, et se nomme alors *roc d'échiquier*.

NORMAND : Ecartelé de gueules et d'or à quatre rocs d'échiquier de l'un à l'autre ; et sur le tout d'azur à une fleur de lis d'or.

Tortil. Cordon roulé dont on entoure les têtes de Mores.

LE GOUX : d'argent à une tête de More de sable, ornée d'un tortil du champ, et accompagnée de trois molettes d'éperon de gueules.

Tour. On doit indiquer l'émail des ouvertures lorsqu'il est différent.

LA TOUR : d'azur semé de France à la tour d'argent ouverte et ajourée
de sable.

Triangle. Meuble de l'écu qui représente un triangle isocèle ; il pose ordinairement sur sa base.

BOUFAULT : d'azur à trois chevrons d'or accompagnés de trois triangles de
même ; deux en chef et un en pointe.

Vertenelle ou *bris d'huis*. Bande de fer propre à tenir une porte sur ses gonds.

BRUCH : d'or à une vertenelle de gueules.

FIGURES CHIMÉRIQUES

Es figures chimériques sont le plus souvent des animaux fantastiques créés par l'imagination des poètes, et qui n'existent pas dans la nature. Beaucoup ont été prises dans la mythologie des païens, et les croisades en ont aussi fourni un grand nombre, par la tendance que les chevaliers avaient toujours à considérer les hommes ou les événements sous l'aspect du merveilleux.

Aigle éployée. La tête et le cou de l'aigle étant ouverts et comme séparés en deux, cette figure

semble avoir deux têtes, dont l'une est tournée,
à dextre et l'autre contournée à sénestre.

MOTHE (LA) *en Picardie* : d'argent à l'aigle éployée d'azur, becquée et onglée
de gueules.

Amphiptère. Serpent ailé.

CAMOENS : d'azur à un amphiptère d'or essorant entre deux montagnes
d'argent.

Centaure. Être dont la partie supérieure est
celle d'un homme, et l'inférieure celle d'un cheval
ou d'un taureau ; dans ce dernier cas on le nomme

minotaure. Il est ordinairement armé d'une massue et on le dit *sagittaire* quand il tire de l'arc.

REILLE : de sinople au centaure sagittaire d'or.

Chimère. Créature ayant le visage et la gorge d'une femme ; la poitrine et les jambes de devant d'un lion, le corps d'une chèvre, les jambes de derrière d'un griffon, et la queue d'un serpent.

CHIMERA : d'argent à une chimère au naturel.

Diable. On ne connaît pas d'autre exemple que celui ci-dessous, où il est employé comme arme parlante, *Teufel* signifiant *diable* en allemand.

TEUFEL: d'or à un diable de gueules.

Dragon. Animal qui a la tête et les pieds d'un aigle, le corps et la queue d'un serpent, ou plutôt d'un crocodile, et des ailes de chauve-souris. La langue est en forme de dard.

CARITAT DE CONDORCET : d'azur au dragon volant d'or langué et armé de sable, à la bordure de même.

Dragon à figure humaine. On le nomme aussi dans ce cas *monstrueux*.

MONTDRAGON : de gueules au dragon d'or monstrueux à face humaine, ayant la barbe composée de serpents.

Givre. Couleuvre ondoyante et mise en pal, de la bouche de laquelle sort quelquefois un enfant à-mi-corps. On la nomme aussi *bisse.*

BICHI : de gueules à une colonne d'argent, chapiteau et base d'or, environnée d'une givre d'azur engloutissant un enfant de sinople.

Griffon. Moitié aigle et moitié lion. Il est tou-jours rampant et de profil.

FRANCIOTI : d'argent au griffon d'azur couronné, becqué et armé d'or.

Harpie. Buste de femme sans bras avec les ailes, les griffes et la queue d'un aigle.

BOUDRAC : d'or à une harpie de gueules.

Licorne. Cheval ayant une corne sur le front, une barbe de chèvre et des pieds fourchus. On

l'emploie souvent comme emblème d'innocence et de chasteté.

FREDRO *en Pologne*: de gueules à la licorne saillante d'argent.

Lion dragonné. Dont la partie inférieure du corps est terminée en forme de dragon.

BRETIGNY : d'or au lion dragonné de gueules, armé, lampassé et couronné d'argent.

Lion mariné. Qui se termine en queue de poisson.

IMHOF : de gueules au lion mariné d'or.

Phénix. Oiseau qui paraît de profil et les ailes étendues, sur un bûcher nommé *immortalité.*

MALET DE LUSSART : d'azur à un phénix sur son immortalité, regardant un soleil, le tout d'or.

Salamandre. Espèce de lézard que l'on représente toujours au milieu des flammes.

DES PIERRES : d'or à la salamandre de gueules accompagnée de trois croisettes de sinople.

Sphinx. Monstre fabuleux avec la tête et le sein

d'une femme, les griffes d'un lion, et le reste du corps en forme de chien.

SAVALETTE : d'azur au sphinx d'argent accompagné en chef d'une étoile d'or.

Sirène ou *Mélusine.* Femme dont les jambes se trouvent remplacées par une queue de poisson. Elle tient presque toujours un miroir d'une main et un peigne de l'autre.

SÉQUIÈRE : d'azur à une sirène d'argent tenant un peigne et un miroir, et nageant sur des ondes au naturel.

22

ORNEMENTS EXTÉRIEURS DE L'ÉCU

TIMBRES, CASQUES ET HEAUMES

E casque a été employé par toutes les nations comme armure défensive, et les formes qu'on lui a données ont changé suivant les temps et les lieux. Comme protecteur de la tête, il est la plus noble pièce de l'armure d'un guerrier, l'abri du siége de la pensée qui médite les ruses de guerre, les plans de bataille, les grandes combinaisons politiques. De là est venue la coutume de le placer sur le milieu de l'écu, c'est-à-dire sur le chef qu'il semble protéger, et on l'a orné des marques distinctives les plus honorables, des couronnes indiquant les titres.

Avant que les couronnes fussent d'un usage aussi répandu qu'elles le sont aujourd'hui pour

timbrer les armoiries, on se servait seulement du
casque ou heaume, et au moyen de règles fixes,
la position et le titre de chaque gentilhomme
étaient parfaitement reconnus. Quoique ces règle-
ments n'aient pas toujours été süivis exactement,
il ne faut pas croire que l'usage des différentes espèce de timbres soit facultatif. Avant le quinzième
siècle, le heaume se posait de profil, sur la pointe
gauche de l'écu, et il n'était alors qu'un simple ornement ; mais lorsque la mode vint de poser l'écu
de front, le casque, conservé comme ornement,
fut encore la marque distinctive du rang des personnes, et les règles suivantes furent établies.

Le casque des rois et des empereurs est d'or,
damasquiné, taré (posé) de front, la visière entièrement ouverte et sans grille, parce que le souverain doit tout voir et tout savoir. Le casque ainsi
taré est le signe de la toute-puissance, qui ne re-
lève que de Dieu seul.

Heaume des souverains.

Les princes et ducs souverains portent le casque également d'or, damasquiné et taré de front, mais moins ouvert que celui des souverains, pour indiquer qu'ils relèvent d'une puissance supérieure. Ils peuvent y ajouter onze grilles.

Heaume des princes.

Les ducs non souverains; les marquis, les grands officiers de la couronne, tels que les chancèliers, les amiraux, les maréchaux, timbrent d'un heaume d'argent taré de front, à onze grilles, damasquiné et bordé d'or.

Heaume des ducs et marquis.

Le casque des comtes, vicomtes et vidames, est
d'argent, taré au tiers, à neuf grilles d'or, les bords
de même. On le voit quelquefois taré de front,
mais c'est une dérogation aux principes qui n'a pu
être consacrée, même par l'usage.

Heaume des comtes et vicomtes.

Le casque des barons est d'argent, posé de trois
quarts, à sept grilles d'or seulement, et les bords
de même.

Heaume des barons.

Le gentilhomme ancien qui était chevalier ou

que le souverain avait revêtu de quelque charge
importante dans les armées ou à la cour, timbrait
son écu d'un casque d'acier poli, montrant cinq
grilles d'argent ainsi que les bords, et taré de profil.

Heaume des gentilshommes anciens.

Le gentilhomme de trois races paternelles et ma-
ternelles portait son casque d'acier poli, taré de
profil, la visière ouverte, le nasal relevé et la
ventaille abaissée, montrant trois grilles à sa
visière.

Heaume des gentilshommes de trois races.

Le nouvel anobli timbre d'un casque de fer ou
d'acier poli, posé de profil, dont le nasal et la ven-

taille sont entr'ouverts, ce qui signifie qu'étant le premier de sa race il n'a rien à voir des actions d'autrui et doit plutôt obéir que commander.

Heaume des nouveaux anoblis

Le heaume des bâtards est aussi d'acier poli et taré de profil, mais tourné à sénestre, comme signe de bâtardise, et la visière complètement baissée.

Heaume des bâtards.

Quelques auteurs donnent aux ducs onze grilles, aux marquis neuf, aux comtes et vicomtes sept, aux barons cinq, et aux gentilshommes trois.

COURONNES

L A couronne a toujours été un emblème de souveraineté et de commandement, et tous les peuples en ont orné la tête de leurs chefs. Homère s'extasie devant les couronnes des rois dont il peint les prouesses. Virgile cite la couronne d'or du roi Latinus, lorsqu'il régla les conditions du combat entre Enée et Turnus. Diodore de Sicile dit que le casque d'Alexandre était orné d'une couronne d'or, et l'empereur Aurélien, si l'on en croit Aurélius Victor, portait une couronne d'or rehaussée de pierres de grand prix.

23

Les premiers rois de France n'avaient pour couronnes que des cercles d'or massifs, posés sur la tête nue ou sur le casque. Ce fut Charlemagne qui le premier se couvrit d'une véritable couronne ornée de fleurons et de pierres précieuses. Vulson dit l'avoir vue conservée dans le trésor de Saint-Denis et il en donne un dessin qu'il assure être fort exact, ajoutant que cette couronne servait au sacre des rois.

Tous les nobles titrés ont, à l'imitation des souverains, voulu se parer de couronnes, qu'ils plaçaient sur les heaumes. La coutume de joindre toujours ces deux ornements a été abandonnée et ne se pratique plus que dans certains cas laissés d'ailleurs à la fantaisie. On se contente presque généralement aujourd'hui de surmonter l'écu d'une couronne.

A différentes reprises les souverains ont dû réprimer l'usurpation des couronnes par des personnes que leur titre n'autorisait pas à les porter. Ainsi des comtes prenaient des couronnes de marquis ou de ducs, et de simples gentilshommes voulurent même timbrer leurs armes de couronnes appartenant aux plus hauts titres. L'arrêt de 1663 portant défense à tout gentilhomme non titré de prendre la qualification de duc, marquis, comte, etc.,

sous peine de 1500 livres d'amende, fit cesser l'abus
pendant quelque temps ; mais il se renouvela bientôt, et l'on pourrait croire aujourd'hui qu'il n'y a
plus de règles établies, tant les usurpations de ce
genre ont été nombreuses. Espérons qu'à défaut
de dispositions législatives, les sarcasmes publics
feront justice de ces usurpations qu'on ne saurait
trop flétrir *.

La couronne des papes ou tiare se compose
d'une toque d'or, ornée à son sommet d'un globe
surmonté d'une croix. Elle est environnée d'une
triple couronne d'or, et laisse pendre deux cordons semés de croisettes. Les trois couronnes représentent le pape comme le souverain sacrificateur,
le grand juge, et le seul législateur des chrétiens.
Souverain spirituel de tous les peuples catholiques,
représentant de Dieu sur la terre, le pape est considéré comme la plus haute puissance qui, après

---

* J'ai vu souvent des familles prendre un titre auquel
elles croyaient de bonne foi avoir des droits, parce qu'elles
possédaient un cachet de famille, timbré d'une couronne.
On doit regarder comme un devoir de les éclairer à cet
égard, et de leur faire rejeter toute prétention fondée sur un
document aussi futile et si contestable.

Dieu, s'étend sur l'humanité. La tiare est aussi appelée *Regnum*.

Tiare papale.

La couronne des empereurs est couverte et rehaussée en façon de mitre, ayant au milieu des deux pointes un diadème surmonté d'une boule ronde et d'une croix de perles. Les empereurs d'Allemagne recevaient cette couronne des mains du pape, pour indiquer qu'ils étaient empereurs du monde chrétien.

Couronne impériale.

L'empereur Napoléon avait pris une couronne fermée dont les cercles étaient soutenus alternativement par un fleuron et par une aigle.

La couronne royale de France était formée d'un cercle surmonté de huit fleurs de lis, au pied nourri, servant de bases à des diadèmes perlés qui se réunissent au sommet par une fleur de lis double.

Couronne royale de France.

Les rois des autres puissances remplacent les fleurs de lis par des fleurons, et surmontent les diadèmes d'un globe et d'une croix.

Couronne royale.

La couronne d'Angleterre prend des croisettes pattées au lieu de fleurons, et est surmontée d'un léopard.

Couronne royale d'Angleterre.

Le grand-duc de Toscane portait une couronne relevée sur son cercle de plusieurs pointes, semblables à celles des couronnes antiques, mais un peu recourbées et surmontées, une sur deux, de fleurs de lis au pied nourri. On y ajoutait deux grandes fleurs de lis épanouies de Florence.

Couronne ducale de Toscane.

Les dauphins de France portaient une couronne royale formée seulement de quatre diadèmes. Chacun · de ces diadèmes avait la forme d'un dauphin.

Couronne des dauphins de France.

Tous les autres enfants de France n'avaient que le cercle d'or surmonté de huit fleurs de lis sans diadème.

Couronne des enfants de France.

Les autres princes du sang n'avaient que quatre fleurs de lis et quatre fleurons.

Couronne des princes du sang.

Les princes du saint-empire se servent pour timbrer leurs armoiries d'un bonnet d'écarlate rehaussé d'hermines, diadémé d'un demi-cercle d'or orné de perles, et surmonté d'un globe, comme celui des empereurs.

Couronne des princes du saint-empire.

Les ducs, en France, portent leur couronne, d'or, réhaussée de huit fleurons et enrichie de pierreries et de perles.

Couronne des ducs.

Celle des marquis est surmontée de quatre fleurons, séparés chacun par trois perles qu'on posait autrefois sur une même ligne, mais qui sont réunies aujourd'hui en forme de trèfle.

Couronne des marquis.

La couronne des comtes n'a point de fleurons ; elle est rehaussée de seize grosses perles, dont neuf visibles, portées chacune sur une pointe.

Couronne des comtes.

Quelques anciens héraldistes voulaient que cette couronne fût réservée aux comtes souverains, et que pour celle des comtes non souverains les perles fussent posées immédiatement sur le cercle. Cette distinction n'a pas été suivie.

24

La couronne de vicomte n'est rehaussée que de quatre perles, dont trois visibles.

Couronne des vicomtes.

Celle des vidames est surmontée de quatre croix pattées.

Couronne des vidames.

Les barons n'ont qu'un cercle d'or émaillé, environné d'un bracelet ou chapelet de perles. Ce chapelet était souvent accordé par les souverains comme récompense honorifique. Edouard, roi d'Angleterre, en donna un à Eustache de Ribeau-

mont, son prisonnier, et lui fit remise de sa rançon
en honneur de la bravoure qu'il avait déployée.

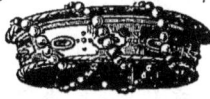

Couronne des barons.

Les chevaliers bannerets timbraient leur écu
d'un cercle d'or orné de perles.

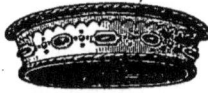

Couronne des chevaliers.

Le bourrelet n'était qu'un rouleau de ruban
aux couleurs de l'écu, souvent même aux couleurs
qu'affectionnait la dame du chevalier. On le plaçait
sur le casque comme un simple ornement auquel
n'était attachée l'indication d'aucun titre.

Bourrelet.

Les chanceliers ou gardes des sceaux de France
posent sur le casque dont ils timbrent leur écu un
mortier rond, de toile d'or, brodé de même et
rebrassé d'hermines.

Mortier des chanceliers.

Les présidents à mortier des cours de parlement
ont un mortier noir, rehaussé de deux larges galons
d'or.

Mortier des présidents.

Les ecclésiastiques ont aussi un ornement
indiquant les dignités dont ils sont revêtus. C'est
un chapeau surmontant la couronne et l'écusson.

Les cardinaux ont le chapeau rouge à large

bord, accompagné de cordons de même couleur
entrelacés et terminés par cinq houppes.

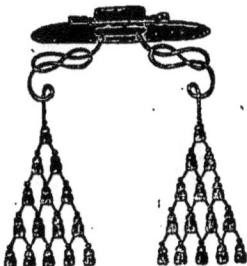

Chapeau des cardinaux.

Les archevêques prennent un chapeau à grands
bords qui couvre entièrement l'écu comme celui
des cardinaux. Il n'en diffère que par la couleur
verte, et les pendants à quatre houppes au lieu de
cinq.

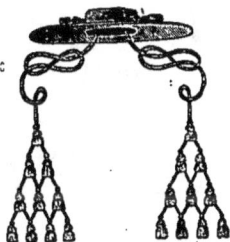

Chapeau des archevêques.

Le chapeau des évêques est aussi de sinople, et les pendants à trois houppes.

Chapeau d'évêques.

Les abbés et protonotaires portent sur l'écu de leurs armes un chapeau noir dont les cordons entrelacés et pendants se terminent par deux houppes de même couleur.

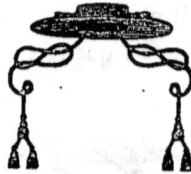

Les prieurs et abbesses entourent leurs armoiries d'un chapelet ou patenôtre.

L'empereur Napoléon avait substitué aux couronnes des nobles titrés des toques surmontées de plumes dont le nombre indiquait la dignité de

celui qui les portait. Cet usage ne s'est pas conservé, et les familles anoblies ou titrées par Napoléon ont repris les anciennes couronnes. Cependant, comme les monuments du temps portent ces
insignes, il est bon de les faire connaitre.

Les princes grands dignitaires avaient une toque
de velours noir, retroussée de vair avec porte-
aigrette d'or surmontée de sept plumes.

Lès ducs ne se distinguaient que par la toque
retroussée d'hermine au lieu de vair.

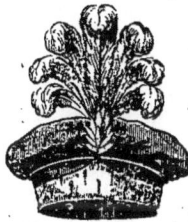

Les comtes avaient la toque de velours noir,

retroussée de contre-hermine, avec porte-aigrette
en or et argent surmontée de cinq plumes.

Les barons retroussaient la toque de contre-
vair; porte-aigrette en argent, avec trois plumes.

Les chevaliers portaient la toque de velours
noir retroussée de sinople, surmontée d'une aigrette blanche ou d'argent.

On peut enfin citer les couronnes murales qui
timbrent ordinairement les armoiries des villes.

Quant aux couronnes navales et vallaires que
plusieurs auteurs ont données, elles ne sont presque d'aucun usage en blason.

Les veuves entourent leur écu de cordelières de
soie noires et blanches entrelacées. Cette coutume
est due à la reine Anne de Bretagne, qui l'adopta
après la mort de son premier mari Charles VIII.

Les filles, qui, nous l'avons déjà dit, portent
l'écu en losange, le placent dans une guirlande de
fleurs.

LAMBREQUINS, MANTELETS

ET BOURRELETS

ORSQUE les armoiries sont timbrées d'un heaume, on voit généralement celui-ci orné de pièces d'étoffes nommées *lambrequins*. L'origine de cet ornement est très ancienne et provient du chaperon que les chevaliers posaient ordinairement sur leur casque, pour empêcher que l'ardeur du soleil n'échauffât l'acier, ou même pour préserver celui-ci de la rouille produite par l'humidité. Tantôt c'était un *mantelet* qui, fixé au sommet du casque, l'enveloppait entièrement et couvrait aussi les épaules ; d'autres fois c'était un simple *volet* ou vêtement de tête qu'on laissait vol-

tiger au gré du vent, et qui devenait ainsi un·or-
nement des plus gracieux. Souvent un chevalier,.
au retour d'une bataille, revenait avec son volet
tailladé de coups d'épée, honneur que chacun
enviait, puisqu'il prouvait qu'on s'était trouvé au
fort de la mêlée. La vanité ne manqua pas de
s'emparer de ce signe de la bravoure, et tout le
monde voulut en orner ses armoiries. L'usage
une fois général, l'origine fut oubliée, et ces hiéroglyphes de l'honneur subirent tous les caprices
de la mode ; chacun en varia la forme à son gré.
Les lambrequins sont devenus aujourd'hui un des
plus gracieux ornements des armoiries par .les
formes bizarres ou élégantes que leur donnent les
peintres et les graveurs.

Dans la pratique ordinaire du blason, les lambrequins doivent être des mêmes émaux que le
champ et les pièces de l'écu. Quand les armoiries ont des supports, on représente les lambrequins volants aux côtés du casque sans qu'ils enve-
loppent l'écu ; on leur donne aujourd'hui une
forme assez semblable à celle des feuilles d'a-
canthe.

Le bourrelet est un tour de livrée placé au sommet du heaume, et composé des mêmes émaux
que les lambrequins, auxquels il sert d'attache.

Son but était primitivement d'amortir les coups portés sur la tête.

Sous l'empire français, on ajouta des lambrequins aux toques qui remplaçaient les couronnes, et, par une erreur qu'il est impossible de s'expliquer, on viola les règles du blason en les composant de métal sur métal. Les princes grands dignitaires et les ducs portaient six lambrequins d'or ; les comtes ornaient leur toque de quatre lambrequins, les deux supérieurs en or, et les deux autres d'argent. Enfin les barons avaient deux lambrequins d'argent.

CIMIERS

ES *cimiers* ont été ainsi appelés par les anciens hérauts parce qu'on les pose à la cime ou sommet des casques ; ils en sont l'ornement comme ce casque est lui-même l'ornement de l'écu. La plus haute antiquité nous montre les guerriers plaçant sur leur tête des objets fantastiques pour paraître plus redoutables à leurs ennemis, ou pour se donner aux yeux de leurs compagnons un aspect plus majestueux. Jupiter Ammon était représenté portant un bélier en cimier, Mars un lion, Bacchus une panthère, Minerve une chouette. Hercule avait adopté la tête du lion de Némée, et Aventinus, un de ses descendants, conserva le même cimier. Alexandre le Grand, qui se prétendait issu de Jupiter Ammon, portait aussi un lion ; et Pyrrhus, roi d'Epire, avait adopté des cornes de bouc. Diodore de Sicile dit que les rois d'Egypte portaient en cimier des têtes de lion, de taureau ou de dragon.

Les chevaliers du moyen âge se gardèrent bien d'abandonner un usage antique aussi répandu chez toutes les nations, et les tournois virent tous les preux orner leurs heaumes d'ornements héraldiques. Les panaches, les vols d'oiseaux, les animaux, les monstres chimériques, les sirènes, étaient tour à tour employés. Les figures de l'écu, telles que les fleurs de lis, ornaient encore la tête de celui qui en portait dans ses armes. Un genre de cimier que l'on trouve très répandu en Allemagne, et souvent dans les anciennes familles de France, est celui des cornes. Cet usage était venu de l'antiquité, et les cornes étaient regardées comme un signe de puissance. Les ducs de Bretagne en ornaient leur casque, ainsi que beaucoup d'autres princes souverains. Nous avons déjà dit que les chevaliers qui avaient assisté à deux tournois adoptaient aussi ce genre de cimier.

Les cimiers ont souvent été des devises ou

même des signes de convention entre un chevalier et sa dame, au moyen desquels celle-ci pouvait sèule, dans un tournoi, reconnaître le héros dont elle inspirait les prouesses. Ce n'était donc qu'un ornement facultatif que le même individu pouvait changer autant de fois qu'il lui plaisait, selon les circonstances, et que ses descendants étaient entièrement libres d'adopter ou de rejeter.

Les pièces honorables du blason ne se mettent pas en cimier.

Les cimiers se faisaient en carton ou en cuir bouilli, que l'on recouvrait de peinture et de vernis pour les rendre imperméables. Ceux de fer ou de bois étaient fort rares, car leur poids embarrassait la tête du chevalier.

Lorsqu'une famille possède héréditairement un cimier, les branches cadettes se contentent de le changer pour opérer une brisure dans les armoiries.

SUPPORTS ET TENANTS

ON nomme *supports d'armoiries* des animaux qu'on place aux deux côtés de
l'écu pour le supporter ou le garder.
On les représente ordinairement dans une posture
fière et hardie, comme pour inspirer la terreur, et
souvent on en fait des animaux fantastiques.

Les *tenants* diffèrent des supports en ce que
cette dénomination ne s'applique qu'aux êtres hu-
mains, tels que les anges, moines, Mores, sauvages,
etc., ou qui ont quelque partie humaine, comme
les sirènes, centaures et autres.

La coutume de ces ornements vient des tournois

où les chevaliers faisaient porter leur écu par des
valets ou écuyers vêtus d'accoutrements bizarres.
Quelquefois on suspendait simplement les armoiries
à un arbre ou à une lance, et aussi à une armure
complète représentant le chevalier. On en trouve
des exemples dans les anciennes gravures, et
Olivier de la Marche dit que ce ne fut que plus
tard que l'on adopta des animaux fantastiques pour
supports des écus.

L'hérédité des supports ou tenants n'est pas
absolue, et ne se pratique que dans certains cas
très rares. Personnels à celui qui en orne son écu,
ils représentent un événement particulier, ou le
plus souvent une fantaisie, un caprice. Cependant beaucoup de familles prennent pour supports
ou tenants des pièces de l'écu, et il n'est pas rare
de voir un animal héraldique dont l'écu est chargé
se répéter en supports et en cimier.

Le droit de supports ou tenants n'était primitivement reconnu qu'aux familles revêtues d'une
haute autorité ; mais tout le monde aujourd'hui
ajoute ces ornements à l'écu. Il arrive aussi, et
cela se voit surtout dans les familles où les supports
sont héréditaires, que les cadets se contentent pour
brisure d'un changement dans ces figures extérieures.

Les supports sont très rares en Allemagne, en Italie, en Espagne. Les femmes et les ecclésiastiques n'en prennent presque jamais, à moins que ce ne soit comme indice de grande puissance et même de souveraineté.

CRI D'ARMES, DEVISES ET PAVILLONS

LE CRI

E *cri d'armes* ou de guerre se prend pour certains mots qu'une nation, une ville, une maison illustre portaient écrits sur leurs bannières. Il servait autrefois de signal, soit pour livrer le combat ou se reconnaître dans la mêlée, soit pour rallier les troupes et ranimer leur courage; les chevaliers s'en servaient aussi dans les joutes et les tournois.

Ce cri, fort en usage chez les Français et les autres peuples de l'Europe, n'était qu'une coutume renouvelée des peuples anciens, puisqu'on trouve au chapitre VII du livre des Juges le cri que Gédéon donna pour ralliement aux soldats qu'il menait contre les Madianites, et qui consistait en ces mots : *Au Seigneur et à Gédéon.*

Parmi les modernes, le cri de guerre n'appartenait qu'aux chevaliers ayant droit de porter bannière. Il y avait donc dans une armée autant de cris que de bannières ; mais, outre ces cris particuliers, il y en avait un général pour toute l'armée ; c'était celui du roi ou du commandant en chef. Le cri général se faisait unanimement par tous les soldats ensemble au moment de la mêlée, tant pour implorer l'assistance du ciel que pour s'animer au combat ; tandis que les cris particuliers n'avaient d'autre but que de rallier chaque homme d'armes sous la bannière de son chef immédiat.

Le cri des rois de France est *Mont-Joie Saint-Denis !* Raoul de Presles, qui vivait sous Charles V, dit que Clovis combattant dans la vallée de Conflans-Sainte-Honorine, la bataille s'acheva sur la montagne où était une tour appelée Mont-Joie. Robert Scenel, évêque d'Avranches, dit que Clovis, se trouvant en danger à la bataille de Tolbiac, un peu avant d'embrasser la religion chrétienne, invoqua saint Denis sous le nom de Jupiter en criant : *Saint-Denis !* mon Jove! d'où on fit ensuite *Mont-Joie.*

Les anciens auteurs n'ont point donné la véritable origine de ce cri, et l'opinion la plus accréditée aujourd'hui est celle d'Huguet de Saint-Cher, qui rapporte que les pèlerins avaient coutume d'appeler Mont-Joie des monceaux de pierres sur lesquels ils plantaient des croix : *Constituunt acervum lapidum, et ponunt cruces, et dicitur Mons-Gaudii.* Del Rio atteste la même chose des pèlerins de Saint-Jacques en Galice. Il existait une grande quantité de monts-joie sur la route de Saint-Denis, et quand on allait chercher l'oriflamme que nos rois y avaient déposée on criait sur toute la route : Mont-Joie Saint-Denis ! Ce cri était répété à la guerre, et devint ainsi celui des rois de France. La date de cette coutume ne remonte pas plus loin que Louis-le-Gros, et ceux qui l'ont attribuée à Clovis ont commis une grave erreur, puisque après sa conversion on porta dans les armées la bannière de saint Martin de Tours comme étendard royal.

Les cris étaient de différentes sortes : il y en avait d'invocation comme : *Dieu aide; — Notre-Dame; — Mont-Joie.*

De résolution, comme celui des croisés : *Diex le volt', Dieu le veut.*

D'exhortation : *A la rescousse Montoison. — Au plus dru*

27

De défi : *Place à la bannière !*

De terreur : *Au feu ! au feu ! — Chevaliers pleu-
vent !*

Enfin beaucoup de familles criaient leurs noms,
tels que d'Ailly, d'Amboise, d'Aspremont, Bauf-
fremont, de la Baume, Beaumont, Beauveau,
Bellecombe, Béthune, Blamont, Bournonville,
Bury, Créquy, Chateaubriand, Chateauneuf;
Chatillon, Clermont, Damas, Duras, Gamaches,
Gaucourt, Groslée, du Guesclin, Hangest,
Joinville, Lenoncourt, Lignières, Mailly, Males-
troit, Maubet, Montchenu, Noyers, Ray, Renty,
Rochechouart, Rohan, Sassenages, Saveuses, la
Trémouille, Vergy, etc., etc.

D'autres criaient les noms de maisons d'où ils
étaient sortis : ainsi,

Mony : *Saucourt !*

Jars : *Rochechouart !*

Saint-Paul : *Lezignan !*

Les seigneurs de Beaujeu : *Flandres !*

Tous les anciens gentilshommes de Lorraine
qui avaient des croix dans leurs armoiries criaient :
Preny ; ceux qui avaient des bandes criaient *Couvert ;* des anneaux : *Loupy*, etc.

Le cri composé du nom de la famille appartenait toujours à l'aîné, et les puînés ne pouvaient

le prendre qu'en y ajoutant le nom de leur seigneurie.

Dans les tournois, c'étaient les hérauts d'armes qui faisaient le cri, lorsque les chevaliers entraient en lice.

Le cri se place ordinairement au-dessus du cimier des armoiries dans un listel ondoyant aux couleurs de l'écu.

LA DEVISE

La *devise* est une sentence de peu de mots; espèce de proverbe qui, par allusion, fait connaître la noblesse ou les actions mémorables d'une famille. C'est encore un emblème consistant dans la représentation de corps naturels ou artificiels, ou en quelques mots qui l'appliquent dans un sens figuré à la louange d'une personne. Le mot *devise* comprend les chiffres, les rébus, les sentences et les proverbes.

L'usage des devises et des symboles remonte à la plus haute antiquité, et l'on pourrait facilement y voir la véritable origine des armoiries. La tragédie d'Eschyle ayant pour titre : *les Sept Preux*

devant Thèbes, et celle d'Euripide intitulée : *les
Phéniciens,* témoignent de cette antiquité. Dans la
description que ces deux poètes font des princi-
paux capitaines que Polynice avait engagés dans sa
querelle, et qui le suivirent au siège de Thèbes, ils
leur donnent comme à lui des boucliers chargés
de figures symboliques. Le premier que nomme
Eschyle est Tydée qui portait sur son bouclier
l'image de la mort, ou, selon Euripide, la dépouille
d'un lion. Capanée est le second ; Eschyle lui
donne un Prométhée, la torche à la main, avec
ces mots : *Je réduirai la ville en cendres.*

Dans Euripide, c'est un géant qui porte sur ses
épaules et secoue la masse de la terre. Polynice
porte sur son bouclier la déesse *Justice* qui le
conduit, et ces mots : *Je te rétablirai.*

Les orateurs et les poètes de l'antiquité ont
presque autant de devises qu'ils ont de métaphores,
à prendre la devise dans son essence. Les lettres
S. P. Q. R., qui sont encore aujourd'hui la devise
de la ville de Rome, sont les initiales des mots
Senatus populus que romanus. Le fameux Judas
Asmonéen, si zélé pour la défense de la loi de
Dieu et pour la liberté de la Judée, mit sur ses
enseignes et sur ses étendards les lettres initiales
d'une sentence hébraïque, prise au chapitre xv, v. 2.

de l'*Exode : Qui est semblable à toi, ô Seigneur, parmi les dieux.* Or, comme les lettres initiales de ces mots forment en hébreu MACCABI, les chefs ou rois des juifs de la race asmonéenne furent nommés Macchabées.

Il ne faut que lire l'histoire et les vieux romans pour y remarquer les devises chiffrées et brodées sur les habits, avec diverses figures d'oiseaux et d'animaux dont on a fait depuis des armoiries. Ces devises ne faisaient point partie du blason, et Boswel se trompe quand il attribue à des armoiries semblables la cause de la querelle entre Jean Chandos et Jean de Clermont. Ces deux chevaliers portaient des armoiries bien distinctes, et la cause de leur querelle fut une devise qu'ils portaient tous deux en honneur de la même dame.

Froissart raconte ainsi cette querelle :

« Aucuns chevaliers, tant français qu'anglais,
« chevauchèrent en costoyant les batailles pour
« adviser chacun le convenant de ses ennemis,
« dont il advint que monseigneur Jean Chandos
« avait, ce jour, chevauché et costoyé la bataille
« du roi de France sur aisle. En telle manière avait
« chevauché monsieur Jean de Clermont, l'un
« des maréchaux de France, en imaginant l'état
« des Anglais. Et a donc si comme ces deux che-

« valiers retournaient chacun devers son costé, ils
« s'entre-rencontrèrent, si portaient chacun d'eux
« une même devise d'une bleue dame ouvrée
« d'une bordure ray de soleil; et toujours dessous
« leurs haux vêtements en quelque état qu'ils
« fussent, si dit monseigneur de Clermont :
« Chandos, depuis quand avez-vous emprins à
« porter ma devise? Mais, vous, la mienne,
« répondit Chandos; car autant bien est-elle
« mienne comme vôtre? Je le vous nie, dit mon-
« seigneur de Clermont, et si la souffrance ne fut
« entre les vôtres et les nôtres, je vous montrasse
« tantôt que vous n'avez nulle cause de la porter.
« Ha! dit monseigneur Jean Chandos, vous me
« trouverez demain tout appareillé de défendre et
« de prouver par fait d'armes qu'aussi bien est-
« elle mienne comme vôtre. Monseigneur Jean
« de Clermont dit : Chandos, ce sont bien les
« paroles de vos Anglais, qui ne savent adviser
« rien de nouvel; mais quand qu'ils voyent leur
« est bel.

« A tout passèrent outre, ne n'y eut adonc plus
« fait ni plus dit, et chacun s'en retourna devers
« ses gens. »

Il y a des devises de diverses sortes, ainsi, par
exemple :

En allusion au nom des maisons;

Vaudray : *J'ai valu, vaux et vaudray.*

Granson : *A petite cloche, grand son.*

En rapport aux pièces des armoiries :

Montchenu (qui porte une bande dans ses armes) : *La droite voie.*

D'autres étaient prises par les chevaliers pour n'être comprises que des personnes qu'ils aimaient.

Philippe le Bon : *Autre n'aurai.*

Jacques de Brimeu : *Plus que toutes.*

C'étaient encore des proverbes ou des sentences :

Solara : *Tel fiert qui ne tue pas.*

Baronat : *Vertu à l'honneur guide.*

Mais les devises les plus honorables sont celles qui se composent de mots historiques, parce qu'elles rappellent toujours un grand événement.

Gusman de Medina : *Le roi l'emporte sur le sang.* Don Alonzo Perez de Gusman, étant en 1293 gouverneur de Tarifa, fut assiégé par les Mores et sommé de rendre la place, sous peine de voir mourir son fils, qui était prisonnier de l'ennemi. Gusman leur jeta un poignard en s'écriant : *Le roi l'emporte sur le sang !*

Ce sont encore très souvent des légendes, comme celle de César Borgia : *Aut Cæsar, aut nihil.*

François Ier, et avant lui Charles, comte d'Angoulême, son père, portait une salamandre en devise, avec ces mots : *Nutrisco et extinguo*, pour signifier qu'il protégeait les bons et exterminait les méchants. Cette devise fut gravée et sculptée dans plusieurs palais. On la voit encore à Fontainebleau sur une tapisserie avec ce distique :

> Ursus atrox, aquila levis, et tortilis anguis
> Cesserunt flammæ jam salamandra tuæ.

Ce qui signifiait que François Ier avait vaincu par sa valeur, les Suisses représentés par l'ours, les Impériaux par l'aigle, et les Milanais par le serpent.

Les princes donnaient autrefois des devises aux seigneurs de la cour, lorsqu'ils les recevaient en qualité d'hommes liges, c'est-à-dire lorsqu'ils les attachaient à leur service. Upton dit qu'en Angleterre, lorsque le roi créait un noble en lui accordant un fief militaire, il lui donnait en même temps la devise.

La devise se place ordinairement dans un listel au bas de l'écusson, le listel de couleur et les lettres de métal, pris l'un et l'autre des émaux de l'écu. Dans l'exemple cité plus haut de la salamandre adoptée comme devise par François Ier, la salamandre serait appelée le corps de la devise, et le distique l'âme de la devise.

La devise héréditaire, qui se confond avec le cri et que l'on place toujours au-dessus des armoiries, dont elle fait pour ainsi dire partie, n'est ordinairement composée que de mots exprimant aussi d'une manière allégorique et brève une pensée, un sentiment, un dessein, une qualité. Un très grand nombre d'anciennes maisons ont des devises héréditaires, dont plusieurs sont tirées des noms de famille tels que :

Achay : *Jamais las d'acher.*

Arsces : *Le tronc est vert et les feuilles sont arses.*

La maison de Bourbon a pour devise : *Espérance.*

PAVILLONS, MANTEAUX ET INSIGNES

Le *pavillon* est une espèce de dôme sous lequel on place les armoiries des empereurs et des rois. Les rois de France et les autres princes de la maison de Bourbon le portaient de velours bleu semé de fleurs de lis d'or; les souverains des autres nations le portent couleur de pourpre.

Le pavillon surmonte le manteau; mais réunis,

on les comprend tous deux sous la dénomination de pavillon.

Les ducs ou princes souverains, mais qui relèvent d'une autorité supérieure ou sont nommés à l'élection, ne prennent que le manteau, dont ils relèvent les courtines de chaque côté, et qu'ils surmontent de leur couronne. Tous ces manteaux sont doublés d'hermines.

Les grands dignitaires des Etats, tels que les ducs titrés et les princes de l'Empire, ont aussi le droit de porter le manteau pourpre. Les pairs de France jouissaient du privilége de le surmonter d'une toque, ornée d'un gland d'or, et entourée de la couronne indiquant le titre attaché à leur pairie, etc. Le manteau de pair était bleu foncé, doublé d'hermine, bordé d'une frange d'or.

Le manteau du chancelier était de drap d'or. Les présidents au parlement le portaient d'écarlate doublé d'hermine ou de petit-gris.

Certains ornements ont aussi servi à désigner les hauts dignitaires. Nous allons en indiquer quelques-uns en observant que les dignités ou les charges qu'ils représentent n'existent plus en France pour la plupart. Quelques autres nations les ont conservés, et il est d'ailleurs nécessaire de les connaître pour comprendre les gravures et les cachets anciens, ainsi que beaucoup d'ornements sculptés sur les monuments.

Les attributs du Chancelier consistent en une figure de reïne pour cimier, représentant la France tenant de la main droite le sceptre, et de la gauche les grands sceaux du royaume ; et deux *masses* en sautoir derrière l'écu, qui est environné du manteau de pourpre timbré d'une couronne ducale et sommé d'un mortier comblé d'or, rebrassé d'hermine et bordé de perles.

Le Connétable porte de chaque côté de l'écu une main dextre ou dextrochère armé, sortant d'un nuage, et portant une épée nue, la pointe en haut.

Le grand Amiral porte deux ancres passées en sautoir derrière l'écu de ses armes. L'amiral d'un grade inférieur n'en porte qu'une.

Les Maréchaux de France portent deux bâtons d'azur semés de fleurs de lis, d'aigles ou d'étoiles, selon les diverses époques, passés en sautoir comme les masses du chancelier.

Le Colonel général de l'infanterie portait derrière l'écu et de chaque côté du cimier, quatre drapeaux, dont deux blancs et deux d'azur.

Le Colonel général de la cavalerie prenait quatre

cornettes ou petits drapeaux blancs fleurdelisés, qu'il disposait comme ceux du colonel général de l'infanterie.

Le grand Maître de l'artillerie a pour marque extérieure de sa charge deux canons sur leurs affûts, et posés sous l'écusson.

Le Surintendant des finances se distinguait au moyen de deux clefs, l'une d'or et l'autre d'argent, posées en pal de chaque côté.

Le grand Maître d'hôtel portait deux bâtons de vermeil, terminés en haut par une couronne royale.

Le grand Ecuyer plaçait de chaque côté une épée royale à garde d'or avec baudrier et fourreau d'azur semé de *France*.

Le grand Chambellan a deux clefs d'or, dont l'anneau est terminé par une couronne royale, passées en sautoir.

Le grand Panetier dispose à côté de son écusson la clef d'or et le cadenas qu'on pose devant le roi.

Le grand Echanson ou grand Bouteiller a deux amphores de vermeil sur lesquelles sont gravées les armes du souverain.

L'Ecuyer tranchant place au-dessus de ses armes un couteau et une fourchette passés en sautoir, les manches émaillés d'azur et semés de fleurs de lis d'or, et terminés par une couronne royale.

Le grand Aumônier accompagne son écusson d'un livre, recouvert de velours rouge, et brodé aux armes du roi.

Le grand Veneur a pour marques de sa charge deux cors de chasse avec leurs attaches ;

Le grand Fauconnier, deux leurres.

Le grand Louvetier, deux têtes de loup.

Le grand Prévôt du palais a deux faisceaux de verges d'or, mis en sautoir, liés d'azur, et au milieu desquels est une hache d'armes.

Le grand Maréchal des logis désigne sa charge par une masse et un marteau d'armes, passés en sautoir au-dessous de l'écu.

Les Cardinaux, Patriarches, ou Archevêques primats, placent sous le chapeau et derrière l'écu une double croix tréflée. Les Évêques ont une croix simple, ou la mitre et la crosse tournée à dextre ; les abbés mitrés ont de même la mitre et la crosse ; celle-ci contournée à sénestre.

Les Chantres prennent un bâton ou masse, debout derrière l'écu.

Les Prieurs et les Abbesses environnent leurs armes d'un patenôtre ou chapelet de sable, avec la

crosse contournée à gauche, ou le bâton pastoral
fait en forme de bourdon de pèlerin.

Les Chevaliers de Malte, comme étant d'un
ordre religieux, portent autour de leurs armes un
chapelet de corail ou d'argent, entrelacé dans les
pointes de la grande croix de l'ordre posée derrière
l'écusson. La croix du chapelet est aussi celle de
l'ordre. Les Commandeurs ont une épée haute
derrière l'écu, et les grands Maîtres la couronne
de prince. Il est d'un usage assez répandu pour les
chevaliers de Malte, de placer dans leurs armes un
chef de gueules chargé d'une croix pleine d'argent.

Les Chevaliers des autres ordres placent leurs
armoiries dans le collier ou cordon de leur ordre,
et laissent pendre la croix au-dessous.

DES DIVERSES SORTES D'ARMOIRIES

ES armes des familles se subdivisent en armes *pures* et *pleines* et en armes *brisées*. Les armes pures et pleines sont les armes véritables et primitives de la maison ; en un mot, ce sont celles attribuées au nom. Les aînés seuls ont le droit de les porter pleines, et les cadets y doivent ajouter une pièce quelconque que l'on nomme *brisure*. Les armoiries ainsi modifiées prennent la dénomination d'armes brisées.

Parmi les armes de familles, on distingue les *parlantes*, qui font allusion au nom de celui qui les porte ; les *vraies*, qui sont composées suivant

les lois héraldiques et l'usage de la nation ; les
armes à enquerre qui pèchent contre les principes
de l'art, mais qui sont cependant légitimes, parce
que le souverain, en violant la règle, a voulu perpétuer le souvenir de quelque action honorable et
forcer à s'enquérir des causes qui leur ont donné
naissance.

On voit souvent un écusson couvert de
différents quartiers dont chacun représente une
armoirie complète. Ces quartiers ne sont pas
toujours des alliances, et il devient nécessaire de
connaître l'histoire de la famille pour comprendre
la cause qui les a fait adopter. Les quartiers que
l'on peut ajouter à ses armoiries doivent toujours
avoir une signification, et on les distingue sous
les noms d'armes *de domaine*, *d'alliance*, *de
communauté, de succession, de prétention, de concession,
de substitution,* etc.

Armes de domaine et de possession. Ce sont celles
qui, appartenant à un pays, sont prises par un
prince régnant comme indice de sa souveraineté
ou de sa suzeraineté.

Armes d'alliance. Lorsqu'une famille tient à
honneur d'avoir eu des alliances par mariage avec
quelques maisons puissantes, on rassemble ces
armoiries en pennon d'armes, et l'on pose sur le

tout l'écu de la maison dont il s'agit. Le *pennon généalogique* contient les quartiers de toutes les alliances d'une maison.

Armes de communauté. Ce sont celles qui sont attribuées à des ordres ou chapitres nobles, couvents, confréries, académies, sociétés savantes, etc., etc.

Armes de succession. On donne ce nom aux armes que les héritiers ou légataires étrangers à la famille, prennent en vertu des clauses testamentaires avec les fiefs et les biens du donateur.

Armes de prétention. Ce sont les armoiries de domaines sur lesquels un souverain ou un seigneur croit avoir des droits, soit en vertu de traités anciens, soit par succession, et qui sont cependant entre les mains d'un autre possesseur.

Armes de concession. Un souverain, en récompense de grands services rendus par un noble, lui concède souvent une partie de ses armoiries ; c'est un grand honneur pour une famille. La maison de Bourbon a souvent concédé les fleurs de lis. Il est très rare cependant qu'un prince concède ses armoiries pleines. Les armes de concession se placent ordinairement soit au chef, soit au point d'honneur, mais rarement en quartier.

Armes de substitution. Ce sont les armes qu'on

29

prend avec un nom étranger et qu'on substitue aux
siennes propres, en vertu d'un contrat de mariage
ou de quelque autre titre qui l'ordonne ainsi.

On donne le nom d'*armes chargées* aux armes
sur lesquelles on a ajouté une pièce. Ainsi, par
exemple, les armes sont chargées quand elles sont
augmentées d'une arme de concession.

Beaucoup d'héraldistes reconnaissent encore
une sorte d'armoiries; ce sont celles de dignités.
Elles consistent principalement dans les ornements,
et font connaître la charge qu'on exerce, la
dignité, l'emploi dont on est revêtu. Le blason de
l'empire français avait adopté ce mode, en
ajoutant toujours aux armoiries un quartier ou
canton, portant le signe indicateur du titre ou de
l'emploi du titulaire.

Un assez grand nombre de familles appartenant
à la bourgeoisie possèdent aussi des armoiries. Ce
droit leur fut concédé par les souverains; en 1696,
les traitants en délivrèrent avec une prodigieuse
facilité, moyennant une faible somme, mais elles
ne furent jamais confirmées.

DICTIONNAIRE

DES

TERMES DE BLASON

DICTIONNAIRE

DES

TERMES DE BLASON

Les termes cités, dont il n'est pas donné d'explication, sont indiqués en leur lieu et place dans le travail qui précède ce Dictionnaire.

A

Abaissé. Se dit des pièces qui se trouvent au-dessous de la position qu'elles occupent ordinairement. Le chef, par exemple, peut être abaissé sous un autre chef de concession, de patronage, de religion, etc.; ainsi les chevaliers de Malte qui ont un chef dans leurs armes, l'abaissent sous celui de la religion. La fasce se dit aussi abaissée, quand on la met plus bas que le tiers du milieu de l'écu. Le vol et les ailes des oiseaux sont abaissés quand ils se dirigent vers la pointe.

Abîme. Une pièce est posée en abîme ou en *cœur*, quand elle occupe le milieu de l'écu.

Abouté. Quatre mouchetures d'hermine ou quatre otelles réunies en forme de croix, sont *aboutées*.

Accolé. Se prend dans plusieurs sens. Deux écus qui se joignent sont accolés. La femme accole le sien à celui de son mari. Les fusées, les losanges et les macles sont accolées quand elles se touchent de leurs flancs ou de leurs pointes sans remplir tout l'écu. Une vigne grimpante est accolée à l'échalas ; un serpent est accolé à une colonne quand il se roule autour.

Accompagné. Se dit des pièces honorables quand elles en ont d'autres en sécantes partitions. Ainsi la croix peut être dite *accompagnée* de quatre soleils, lorsque ces derniers se trouvent aux cantons de la croix. Le chevron peut être accompagné de trois croissants, deux en chef et un en pointe; de trois roses, de trois besants, etc. Quelquefois on étend cette expression aux autres figures lorsqu'elles sont mises dans le même sens que les pièces honorables, comme deux clefs en sautoir, trois poissons en pairle, etc.

Accorné. S'emploie pour désigner l'émail des cornes des animaux.

Accosté. Lorsque le pal, la bande, la barre sont accompagnés de figures placées dans le même sens, on dit qu'elles sont accostées. Ainsi un pal peut être accosté de deux, de quatre, de six tourteaux; une bande de deux, de quatre roses ou plus. Mais si ces figures sont droites, il est nécessaire de l'énoncer, surtout s'il y en a six, car elles pourraient être mises en orle.

Accroupi. Le lion assis prend cette qualification, ainsi que tous les animaux sauvages. Les lièvres, lapins et écureuils au repos sont aussi accroupis.

. **Acculé.** Se dit des canons placés sur leur affût que le grand maître de l'artillerie porte au bas de ses armoiries, comme marque de sa dignité. Le cheval est acculé quand il est renversé en arrière.

Adextré. Se dit des pièces qui en ont une autre à leur droite. Ainsi un pal accompagné, sur le flanc droit, d'un lion, serait dit adextré de ce lion.

Adossé. S'emploie pour désigner la position de deux animaux qui se tournent le dos. De même pour deux clefs dont les pannetons sont tournés en dehors, l'un à dextre, l'autre à sénestre, et généralement tous les objets qui peuvent être posés en pal, quoique sur des côtés différents, tels que les faux, les haches, les doloires, les marteaux, etc., etc.

Affronté. C'est le contraire du précédent. Deux animaux sont affrontés quand ils se font face l'un à l'autre.

Affûté. Se dit d'un canon qui n'est pas de même émail que son affût.

Agneau. On le nomme *Agneau pascal* lorsqu'il tient une banderole. Il prend aussi le nom d'*Agnus Dei.*

Aigle.

Aigle éployée.

Aiglette.

Aiguisé. Se dit de toutes les pièces dont les extrémités peuvent être amincies, comme le pal, la fasce, la croix, le sautoir; etc., etc.

Ailé. Qui a des ailes.

Ajouré. Indique les ouvertures d'une tour ou d'une maison, quand celle-ci est d'un émail différent.

Ajusté. Se dit d'un trait ou d'une flèche posée sur la corde de l'arc.

Alerion.

Alcyon. Espèce de cygne qu'on représente dans son nid et voguant sur les flots.

Alésé. Se dit de toutes les pièces honorables dont les extrémités ne touchent pas les bords de l'écu.

Allumé. Sert à indiquer de quel émail doivent être les yeux des animaux, ou la flamme d'un flambeau ou d'un bûcher.

Amades. Même que Hameide.

Anché. Recourbé.

Ancolie.

Ancre. Meuble d'armoiries qui représente l'ancre d'un navire. La tige se nomme *Stangue*, la traverse en haut *Trabe*, et le câble *Gumène*.

Ancré.

Angemme ou **angenne.** Fleur imaginaire, à cinq feuilles arrondies.

Anglé. Désigne la situation de la croix et du sautoir quand ils sont accompagnés de figures longues ou pointues, mouvantes de leurs angles.

Anille.

Anillé. Se dit des croix et sautoirs dont le milieu est percé et laisse un vide carré.

Animé. Se dit quelquefois pour *allumé*.

Annelet. Petit anneau.

Antique. On nomme ainsi les couronnes à pointes ou rayons. On voit souvent en armoiries des bustes de rois ou de reines couronnés à l'antique.

Appaumé. Exprime la position de la main ouverte dont on voit le dedans.

Appendices. Extrémités des animaux, telles que la queue, les cornes, les griffes, etc. Les appendices sont presque toujours d'autre émail que le corps. Ils peuvent être aussi de même nature que l'émail de l'écu, sans rendre les armes fausses.

Appointé. Deux chevrons dont les sommets se touchent sont appointés. On dirait de même pour trois épées mises en pairle.

Arc-en-ciel.

Archières. Embrasures des châteaux qui servent aux archers pour tirer des flèches. On ne les blasonne que lorsqu'elles sont d'émail différent.

Ardent. Est un charbon allumé.

Argent.

Argus.

Armé. Se dit des ongles des lions, des griffons, des aigles, etc., etc.; et des flèches dont les fers sont d'autre couleur que le fût.

Armoiries. (Voir le chapitre des différentes espèces d'armoiries.)

Armorial. Registre où sont consignées les armoiries des nobles d'un royaume ou d'une province. On le nomme *armorial particulier* quand il ne concerne qu'une famille et ses alliances.

Arraché. Se dit des arbres dont les racines se voient, et des têtes ou membres d'animaux qui ne sont pas coupés nets, mais laissent pendre des lambeaux sanglants, et semblent arrachés avec force.

Arrêté. Se dit d'un animal posé sur ses quatre pattes sans faire aucun mouvement.

Assis. Est pris dans le même sens qu'accroupi, mais seulement pour les animaux domestiques, tels que les chiens, les chats, etc.

Augmentation. Additions faites aux armoiries ; nouvelles marques d'honneur ajoutées à l'écusson.

Avant-mur. Pan de muraille joint à une tour.

Azur.

3o

B

Badelaire. Épée large, courte et recourbée.

Baillonné. Indique que les animaux, lions, ours, chiens, etc., ont un bâton entre les dents.

Bande. Pièce honorable de l'écu.

Bandé. Se dit de tout l'écu ou même de certaines pièces quand ils sont couverts de bandes, en nombre égal.

Bar.

Barbé. Ne se dit que des coqs et des dauphins pour désigner l'émail de leur barbe.

Bardé. Cheval caparaçonné.

Barre. Pièce honorable de l'écu.

Barré. Se compose avec la barre comme le bandé avec la bande.

Bastillé. Pièce à créneaux renversés vers la pointe de l'écu.

Bastoigne. Bande alésée en chef.

Bataillé. Se dit d'une cloche dont le battant est d'un émail différent.

Bâton.

Bélier. Mâle de la brebis.

Bélier militaire.

Béqué. Se dit des oiseaux dont le bec est d'un émail différent.

Besant.

Besanté. Exprime qu'une pièce est chargée de besants.

Bigarré. A la même signification que dans le langage ordinaire.

Billettes,

Billeté. Semé de billettes.

Bisse. Serpent.

Blason. Science des armoiries.

Bocquet. Employé quelquefois pour fer de lance ou de pique.

Bœuf.

Bonnets à l'antique. Sorte de bonnets pointus et retroussés.

Bordé. S'applique à toutes les pièces, telles que croix, bandes, gonfanons, etc., dont les bords sont de couleur différente.

Bordure.

Bouclé. Se dit du collier des chiens quand il est fermé par une boucle. On se sert aussi de cette expression pour indiquer l'anneau passé dans les narines du buffle ou bœuf sauvage.

Bourdon. Bâton de pèlerin.

Bourdonné. Figures dont les extrémités sont terminées en forme de bourdons de pèlerin.

Bouse. Instrument qui sert à puiser l'eau.

Bouterolle.

Boutoi ou **Boutoir.** Extrémité de la hure du sanglier; on le blasonne quand il est d'émail différent.

Boutonné. On exprime ainsi le milieu des roses quand il diffère de la fleur. Les fleurs de lis peuvent aussi être boutonnées, c'est-à-dire qu'elles laissent voir deux boutons entre les branches de chaque côté comme celle de Florence.

Bretessé. Se dit des pièces crénelées en haut et en bas alternativement.

Brisé. On nomme ainsi les pièces dont les extrémités sont rompues. C'est aussi l'expression employée pour les armes où l'on a fait quelque altération afin de distinguer les différentes branches de la famille.

Brisure. Diminution, addition ou altération des armes de la famille pour indiquer une branche cadette.

Brochant. Une pièce qui passe sur d'autres est dite brochant.

Brosses. Elles sont faites en forme de faisceaux.

Broye.

Burelé. L'écu est burelé quand il est couvert de burèles de deux émaux jusqu'au nombre de dix ou douze au plus.

Burèle.

Buste. C'est la moitié supérieure d'un homme ou d'une femme sans bras.

Bute. Instrument dont se servent les maréchaux pour couper la corne des chevaux.

C

Câblé. Se dit d'une croix faite de cordes ou de câbles tortillés.

Cabré. Se dit d'un cheval levé sur ses pieds de derrière.

Caducé. A la même signification que dans le langage ordinaire.

Cailloux. Pierre à feu.

Calice. Vase sacré.

Canette.

Cannelé. Se dit de l'engrêlure dont les pointes sont en dedans au lieu d'être en dehors comme dans l'engrêlé.

Canon. Pièce d'artillerie.

Canton.

Cantonné. Se dit de la croix ou du sautoir quand ils

sont accompagnés dans leurs angles de figures quelconques.

Carreaux.

Cartouche. Ornement de sculpture dans lequel on place l'écusson.

Casque.

Caudé. Se dit des comètes pour indiquer l'émail de leur queue.

Cerclé. Se dit d'un tonneau

Cerf.

Chabot.

Chaîne.

Chaise à l'antique. Espèce de trépied.

Champ. Surface de l'écu.

Champagne.

Chandelier.

Chapeau. On le représente toujours avec les bords rabattus.

Chapelet. (Voir patenôtre.)

Chaperonné. Se dit de l'épervier quand il a le chaperon en tête.

Chappé.

Chargé. Se dit de toutes les pièces qui en portent d'autres.

Chargeure. On se sert de ce mot à l'égard d'une pièce posée sur une autre pièce.

Château. Il est formé d'un corps de logis joint à deux tours. On le dit ouvert, hersé, ajouré, maçonné, essoré, girouetté. (Voir ces mots.)

Chatelé. Se dit d'une bordure ou d'un lambel chargés de huit ou neuf châteaux.

Chaudière. Elles se voient surtout dans les armoiries espagnoles et sont un signe de grande puissance.

Chaussé.

Chausse-trappes.

Chef.

Cheval.

Chevelé. Se dit d'une tête dont les cheveux sont d'émail différent.

Chevillé. Se dit du cerf relativement à ses cornes.

Chevron.

Chevronné. Se dit d'une pièce ou d'un écu couvert de chevrons.

Cimier.

Cintré. Se dit du monde ou globe impérial, entouré d'un cercle et d'un demi-cercle.

Clariné. Se dit d'un animal qui porte des sonnettes.

Cléché. Se dit d'une pièce percée à jour, l'excavation remplie de l'émail de l'écu.

Clou.

Cloué. Se dit des frettes, colliers d'animaux et fers de cheval, lorsque les têtes de clous sont d'un autre émail.

Colleté. Se dit des animaux portant collier.

Colonne. On blasonne le chapiteau, la base et le socle quand ils sont d'un autre émail que le fût.

Componé. Se dit des figures composées de pièces carrées, d'émaux alternés comme une table d'échiquier.

Comète.

Cometé. Synonyme de caudé.

Contourné. Se dit des animaux tournés à gauche, au lieu de l'être à droite, selon leur position ordinaire ; on le dit aussi du croissant.

Contre-bandé, contre-fascé, contre-palé, etc., etc. Se dit quand il y a bande contre bande, fasce contre fasce, pal contre pal, etc., etc.

Contre-écartelé.

Contre-hermine.

Contre-vair.

Contre-passant. Se dit de plusieurs animaux passant dans un sens opposé.

Coquerelles.

Coquille.

Cordé. Se dit des instruments de musique ou des arcs à tirer quand leurs cordes sont de différent émail.

Cordelière.

Cornière.

Cotice.

Coticé. Se dit de l'écu rempli de dix bandes ou cotices de couleurs alternées. On dit aussi qu'une bande est coticée quand elle est accostée de deux cotices.

Côtoyé. Est le même que accosté.

Couard. Se dit d'un lion qui porte sa queue retroussée en déssous entre les jambes.

Couché. Se dit des animaux à quatre pieds qui sont dans cette attitude.

Couleur.

Coulisse. Se dit d'un château et d'une tour dont la herse ou coulisse est baissée.

Coupé. Se dit de l'écu divisé en deux par un trait horizontal. Ce mot s'entend aussi des animaux quand ils sont de deux émaux distincts.

Coupeau. Pointe de rocher,

Couplé. Se dit des chiens de chasse liés ensemble.

Courant. Se dit des animaux à quatre pieds.

Couronne.

Couronné. Se dit de tout ce qui porte une couronne.

Courti. Tête de More avec un collier d'argent.

Courtines. Ce sont les parties du pavillon royal formant le manteau.

Cousu. Se dit des chefs, fasces et généralement de toutes les pièces héraldiques de métal sur métal, ou de couleur sur couleur.

Couvert. Se dit d'une tour qui a un comble, ou toit pointu.

Crancélin. Section de couronne posée en bande.

Crénelé. Se dit des tours surmontées de créneaux, ou des pièces héraldiques ayant cette forme sur l'une de leurs fasces.

Crêté. Se dit des coqs quand ils ont la crête d'autre émail que le corps.

Crequier.

Cri.

Croisé. Se dit de tout ce qui porte une croix.

Croissant.

Croissanté. Se dit d'une pièce héraldique terminée par des croissants.

Croix.

Cyclamor. Espèce d'orle rond ou de cercle.

Cygne.

D

Dauphin.

Découpé. Se dit des lambrequins qui sont découpés en feuilles d'acanthe.

Défendu. Se dit du sanglier dont la dent ou défense est d'autre émail que la tête.

De l'un en l'autre. Lorsque l'écu est divisé par deux émaux et chargé d'une pièce des mêmes émaux, en sorte que le métal soit sur la couleur et la couleur sur le métal, on dit que cette pièce est de l'un en l'autre.

De l'un à l'autre. Se dit des figures posées sur une des pièces de la partition en alternant les émaux de celle-ci.

Démembré. Se dit des animaux dont les membres sont séparés du corps.

Demi-vol. C'est une seule aile d'oiseau.

Denché. Se dit des pièces qui ont des dents comme les feuilles de scie.

Dentelé. A la même signification que denché.

Dépouille. C'est la peau d'un animal.

Désarmé. Se dit d'une aigle qui n'a point d'ongles.

Deux et un. C'est la disposition la plus usitée en armoiries, de trois pièces dont les premières sont en chef et la troisième en pointe.

Devise.

Dextre. Côté droit.

Dextrochère.

Diadémé. Se dit de l'aigle dont la tête est entourée d'un cercle.

Diapré. Se dit des pièces quand elles sont damasquinées.

Diffamé. C'est le lion qui n'a point de queue.

Divise.

Doloire. Espèce de hache sans manche.

Donjonné. S'emploie pour indiquer que les tours ou châteaux sont surmontés de tourelles.

Dormant. Se dit d'un lion ou tout autre animal dans l'attitude du sommeil.

Doublet.

Dragon.

Dragonné. On nomme ainsi le lion qui se termine en queue de dragon.

Du premier ou **du champ.** Expression qui sert à eviter la répétition d'un émail déjà nommé. On dit aussi, *au second, du troisième.*

E

Ebranché. Se dit d'un arbre dont on a coupé les branches.

Ecaillé. S'emploie pour indiquer la couleur des écailles des poissons.

Ecart. Chaque quartier d'un écu divisé en quatre est un écart. On met au premier et au quatrième écart les armes principales de la maison ; aux deuxième et troisième celles des alliances.

Ecarteler. Action de diviser l'écu.

Ecartelé. Se dit de·la·partition en quatre parties égales.

Ecartelure. Division de l'écu écartelé.

Echiqueté. Se dit de l'écu entier ou des pièces principales et même des animaux, quand ils sont composés de pièces carrées alternativement de métal et de couleur. L'écu échiqueté doit avoir au moins vingt carreaux ; quand il n'en a que quinze, on dit : quinze points d'échiquier, et équipollé pour neuf carreaux ; les pièces échiquetées doivent être de deux tiers au moins, sinon on les dit componées.

Ecimé. Chevron dont la pointe est coupée.

Eclaté. Se dit des lances et chevrons brisés.

Ecorché. Se dit des animaux qui sont de gueules.

Ecot. Tronc d'arbre noueux.

Ecoté. Se dit des troncs d'arbre dont les branches sont coupées.

Ecrevisse.

Ecu.

Ecureuil.

Effaré. Se dit du cheval qui se cabre.

Effeuillé. Arbre sans feuilles.

Elancé. Se dit du cerf courant.

Email et **Emaux**.

Emanché. Se dit des partitions de l'écu s'enclavant les unes dans les autres en forme de longs triangles.

Embouché. Se dit des embouchures des cors et trompettes quand elles sont d'émail différent.

Embouté. Se dit des manches des marteaux, dont les bouts sont d'émail différent ; il est synonyme de virolé.

Embrassé.

Emmanché. Se dit des haches, faux, marteaux, etc., dont le manche est d'émail différent.

Emmuselé. Se dit des animaux auxquels on met une muselière pour les empêcher de mordre ou de manger.

Empenné. Indique les plumes qui garnissent les flèches et les javelots.

Empiétant. Indique l'action de l'oiseau tenant sa proie dans ses serres.

Empoigné. Se dit des flèches ou javelots qui sont posés deux en sautoir et l'autre en pal et réunis par un lien commun.

Enchaussé. Se dit de l'écu taillé depuis le milieu d'un de ses côtés, en tirant vers la pointe du côté opposé.

Enclavé. Se dit d'un écu parti dont l'une des partitions pénètre dans l'autre.

Enclos. Se dit d'une pièce quelconque entourée d'un trescheur.

Encoché. Se dit d'un trait posé sur la corde de l'arc.

Endenté. Se dit d'une pièce couverte de triangles alternés de divers émaux.

Enfilé. Se dit des couronnes ou annelets passés dans une pièce longue.

Enflammé. Pièce de laquelle il sort des flammes.

En forme. Se dit du lièvre qui paraît arrêté et en repos.

Englanté. C'est le chêne chargé de glands.

Engoulé. On donne ce nom à toutes les pièces dont les extrémités se trouvent dans la gueule des animaux.

Engrêlé. Se dit des pièces principales dont les bords sont armés de petites dents un peu arrondies.

Engrêlure. Petit filet engrêlé, posé sur le bord de l'écu.

Enguiché. Indique l'embouchure des corps ou huchets.

Enhendé. Pièces héraldiques dont le pied est refendu.

Enquerre (à).

En repos. Se dit des animaux couchés sur le ventre.

Ensanglanté. Se dit du pélican et autres animaux dont le sang coule.

Enté. Se dit lorsque deux parties de l'écu entrent l'une dans l'autre par des emboîtures arrondies.

Entravaillé. Indique que les oiseaux dont le vol est éployé ont un bâton passé entre les ailes ou les pieds.

Entrelacé. Exprime les croissants ou les anneaux passés les uns dans les autres.

Entretenu. Deux clefs qui se tiennent par les anneaux sont entretenues.

Epanoui. Se dit de toutes les fleurs ; mais on l'emploie plus généralement pour une fleur de lis dont le fleuron supérieur est ouvert et qui a des boutons entre les fleurons des côtés.

Eployé. Aigle éployée.

Equipé. Vaisseau qui a tous ses agrès.

Equipollé. Indique que l'écu est couvert de neuf carrés, cinq d'un émail et quatre de l'autre.

Escarboucle ou **Rais d'Escarboucle.**

Escarre. Espèce de bordure qui ferme et termine un quartier des deux côtés intérieurs de l'écu, en forme d'équerre.

Essonier.

Essorant. Se dit des oiseaux tournés vers le soleil et ouvrant les ailes pour prendre leur essor.

Essoré. Se dit des toits des maisons.

Etai.

Etincelant. Se dit des charbons ardents.

Etincelé. Ecu semé d'étincelles.

Etoile.

Eviré. Se dit du lion qui n'a pas la marque du sexe.

F

Failli. Se dit des chevrons dont les branches sont rompues.

Fanon. (Voir **Manipule.**)

Fasce.

Fascé. Se dit de l'écu couvert de fasces.

Femme.

Fer. Se dit des fers de lance ou des fers de chevaux.

Fer de moulin. (Voir **Anille.**)

Fermail.

Feuillé. Se dit d'une plante qui a des feuilles d'un émail particulier.

Fiché. Se dit des croix ou autres figures héraldiques qui ont le pied aiguisé.

Fier. C'est le lion dont le poil est hérissé.

Fierté. Dents des baleines.

Figuré. Se dit de toutes les pièces sur lesquelles on représente le visage humain.

Fil. C'est la traverse du lambel.

Filet.

Filière. Diminutif de la bordure.

Flambant. Se dit des pals ondés et aiguisés en forme de flammes.

Flambeau.

Flamboyant. Se dit des yeux du sanglier.

Flammes.

Flanchis. Petit sautoir alésé.

Flanqué.

Fleur de lis.

Fleurdelisé. Se dit d'une pièce dont les extrémités se terminent par des fleurs de lis.

Fleuré ou fleuronné. Se dit ordinairement des bordures ou des trescheurs dont les bords sont ornés de trèfles ou fleurons.

Fleuri. Indique que les arbres ou plantes ont leurs fleurs.

Florence. S'applique à la croix dont les extrémités se terminent en fleurs de lis.

Foi.

Forces. Tenailles.

Fourchetée.

Fourchue. Se dit de la queue du lion quand elle est double.

Fourrures. Emaux des armoiries.

Franc-canton.

Frangé. Gonfanons qui ont des franges dont il faut spécifier l'émail.

Franc-quartier.

Frette. Meuble fait de quatre petits bâtons entrelacés, deux en bande et deux en barre.

Fretté. Se dit de l'écu et des pièces principales, couverts de bâtons croisés en sautoir, laissant entre eux des espaces en forme de losanges.

Fruité. Arbre chargé de fruits.

Furieux. Se dit du taureau levé sur les pieds de derrière.

Fusée.

Fusélé. Charge de fusées.

Futé. S'emploie pour indiquer une lance dont le bois est différent du fer, ou un arbre dont le tronc n'est pas de même émail que le feuillage.

G

Gai. Indique que le cheval est nu et sans harnais.

Garni. Se dit d'une épée dont la garde est d'émail différent.

Gemelles. S'emploie quelquefois pour *jumelles*.

Généalogie. Table contenant les noms de tous les membres d'une famille et de ses alliances.

Giron.

Gironné. Est l'écu divisé en six, huit ou dix parties triangulaires dont les pointes se réunissent au centre.

Girouette. Se dit d'un château qui a une ou plusieurs girouettes.

Givre.

Givré. Synonyme de Gringolé.

Gland.

Globe. Synonyme de Monde.

Gonfanon.

Gorgé. S'applique aux oiseaux pour désigner l'émail de leur col.

Gousset. Pièce en forme de pupitre, tirée de l'angle dextre ou sénestre du chef, descendant diagonalement sur le point du milieu de l'écu, d'une autre pièce semblable, et tombant perpendiculairement sur la base.

Goutté. Chargé de gouttes.

Grêlé. Se dit des couronnes chargées de perles comme celles des comtes, etc., etc.

Grelot. Synonyme de Grillet.

Grenade.

Griffon.

Grilles. Barreaux de la visière du casque.

Grillet.

Grilleté. Se dit des oiseaux de proie qui ont des sonnettes aux pieds.

Gringolé. Se dit des croix, sautoirs, etc., qui se terminent en tête de serpent.

Grue.

Gueules. Couleur rouge.

Guidon. Espèce de drapeau long, étroit et fendu, ayant deux pointes, et attaché à une lance.

Gulpe ou **Guse.** Tourteaux couleur de pourpre.

Gumène. (Voir **Ancre**).

H

Habillé. Se dit d'un vaisseau dont les voiles diffèrent de la coque.

Hachments. (Voir **Lambrequin.**)

Hachures. Traits au moyen desquels les graveurs indiquent les couleurs du blason.

Hameide.

Harpie.

Haussé. Se dit des pièces principales quand elles sont plus hautes que leur position ordinaire.

Haut. Se dit de l'épée droite.

Heaume. Casque.

Hérissonné. Se dit d'un chat ramassé et accroupi.

Hermine. Fourrure.du blason.

Herminé. La croix qui porte ce nom est composée de quatre mouchetures d'hermine.

Herse.

Hersé. Se dit d'une porte dont la coulisse est abattue.

Hie.

Homme.

Housseaux ou **Houssettes.**

Houssé. C'est un cheval couvert de sa housse.

Housilles. Brodequins.

Huchet.

Hure. Tête de sanglier qui est toujours de profil dans l'écu.

Hydre. Dragon à sept têtes.

I

Immortalité. Bûcher du Phénix.

Isalgue. Fleur en forme de cinq trèfles à queues allongées dont les bouts traversent une portion du cercle qui imite un croissant renversé.

Issant. Se dit des animaux dont on ne voit que la tête et une partie du corps.

J

Jambe.

Jumelle.

Jumellé. Se dit d'un sautoir, d'un chevron, etc., fait de deux jumelles.

32

L

Lacs d'amour. Meuble de l'écu qui représente un cordon entrelacé et dont les bouts, traversant le centre, ressortent par le bas, l'un à dextre, l'autre à sénestre.

Lambel.

Lambrequins.

Lampassé. On nomme ainsi le lion ou autre animal qui laisse voir sa langue.

Langué. S'applique aux oiseaux dans le même sens que lampassé aux animaux.

Larme. Meuble dont la partie supérieure, en pointe et ondoyante, s'élargit et se termine en forme ronde par le bas. Elles sont le plus souvent d'argent.

Léopard.

Léopardé. C'est le lion passant.

Levé Se dit de l'ours en pied.

Lévrier.

Levron. Jeune lévrier qui se distingue en ce qu'il n'a pas de collier.

Licorne.

Limaçon.

Lion.

Lionceau. Petit lion.

Lié. Sert à désigner l'objet qui attache différentes pièces ensemble ou même une seule.

Lionné. Se dit du léopard rampant.

Lis.

Liston ou **Listel.** Petite bande de ruban sur laquelle on place la devise.

Longé. Se dit des liens qu'on met aux pattes de l'éper-vier.

Loré. Indique les nageoires de poisson.

Lorraine (croix de).

Losange.

Losangé. Se dit de l'écu ou des pièces couverts de losanges.

L'un sur l'autre. S'emploie pour les animaux passants et placés l'un au-dessus de l'autre.

Lune. Parait pleine, ou en croissant, ou en décours.

Lunel. Quatre croissants appointés en forme de rose à quatre feuilles.

M

Macle.

Maçonné. S'emploie pour signifier les traits de sépara-tion entre les assises de pierre qui composent les tours, pans de mur, châteaux, etc.

Maillet.

Main.

Mal ordonné. Se dit de trois pièces dont l'une est en chef et les deux autres en pointe.

Mal taillé. C'est une épithète employée pour indique une manche d'habit que les Anglais se plaisent à placer dans les armoiries.

Manche.

Manipule.

Mantelé (le).

Mantelé. On se sert de cette expression pour indiquer l'écu ouvert en chape, que l'on nomme aussi tiercé en mantel. On dit aussi qu'un lion ou tout autre animal est mantelé quand il est recouvert d'un mantelet.

Mantelet. Ornement du casque.

Marche. Est un vieux terme des anciens manuscrits pour la corne du pied des animaux.

Mariné. Se dit des animaux qui ont une queue de poisson.

Marqué. Se dit des points qui se trouvent sur les dés ou quelquefois sur les besans et tourteraux.

Massacre. Crâne du cerf avec les cornes.

Mélusine On donne ce nom à une figure demi-femme et demi-poisson, se baignant dans une cuve, se mirant et peignant ses cheveux.

Membré. Se dit des pattes et griffes des aigles et autres oiseaux.

De même ou **du même.** Se dit pour éviter la répétition de l'émail qu'on vient de nommer.

Menu vair.

Menu vairé. Menu vair composé d'autres émaux que l'argent et l'azur.

Merlette.

Meubles.

Métaux. On en emploie deux en armoiries, l'or et l'argent.

Mi-parti. Se dit de l'écu parti de deux émaux, dont chacun est chargé de la moitié d'une figure ou d'une armoirie.

Miraillé. Exprime l'état des ailes de papillon.

Molette.

Monde.

Monstrueux. Se dit d'un animal composé de parties d'animaux différents ou ayant une face humaine.

Montant. Se dit du croissant dont les pointes sont dirigées vers le chef de l'écu.

Morailles. Tenailles qui servent à serrer le nez du cheval, pour empêcher qu'il ne se tourmente lorsqu'on le tient au travail.

Morné. Se dit généralement des animaux sans dents, bec, langue, griffes ou queue. Un casque morné est celui dont la visière est entièrement fermée.

Moucheté. S'applique aux mouchetures d'hermine ou au point milieu du papelonné.

Moucheture. Queue d'hermine dont l'émail ordinaire est le sable.

Mouvant. Se dit des pièces attenantes au chef, aux angles, aux flancs ou à la pointe de l'écu dont elles semblent sortir.

N

Nageant. Terme dont on se sert pour exprimer qu'un poisson est dans le sens horizontal ou en *fasce*.

Naissant. On donne ce nom à tous les animaux ou objets qui ne montrent que la tête et la partie supérieure du corps, paraissant sortir du chef, de la fasce, du coupé, etc.

Nasal. Partie supérieure de l'ouverture du casque qui couvrait le nez lorsqu'on la baissait.

Naturel. Les animaux, fleurs ou fruits représentés avec les couleurs qui leur sont propres, sont dits au *naturel*.

Navire.

Nébulé. Se dit des pièces ondulant en forme de nuées et formant alternativement une saillie ronde et une concavité.

Nervé. Se dit de la fougère et autres feuilles dont les nerfs et les fibres paraissent d'un autre émail.

Nillé. Une croix nillée est une croix ancrée très déliée, et composée de deux pièces séparées.

Noué. Indique que la queue du lion a des nœuds en forme de houppes. On emploie aussi ce mot pour indiquer que certaines pièces sont liées ou entourées d'un cordon.

Noueux. Ne s'applique guère en blason qu'au bâton à nœuds ou écot.

Nourri. Se dit du pied des plantes dont la racine ne se voit pas, ainsi que des fleurs de lis dont le pied ne se laisse pas apercevoir.

Nuagé. Synonyme de Nébulé.

Nuée. Meuble de l'écu imitant un nuage

O

Ogoesse. Nom que l'on donne quelquefois aux tour-teaux de sable.

Oiseau. On nomme ainsi en langage héraldique l'oiseau dont on ne peut spécifier l'espèce.

Ombelle. Espèce de parasol que le doge de Venise plaçait sur ses armes.

Ombre. Image si déliée qn'on voit le champ ou les pièces de l'écu au travers.

Ombré. Se dit des figures relevées de noir pour les mieux distinguer.

Ondé. S'applique aux fasces, pals, chevrons, etc., dont les lignes sont tracées en ondulations.

Onglé. Se dit des ongles des animaux.

Oreilles. Petites pointes qui sont de chaque côté des coquilles.

Oreillé. Ne s'emploie que pour les dauphins et les co-quilles.

Orle.

Ornement. Se dit de tout ce qui est hors de l'écu.

Otelle.

Ours.

Ouvert. S'emploie lorsqu'on veut blasonner les portes, fenêtres des tours ou châteaux.

P

Paillé. Est le même que diapré.

Pairle.

Paissant. Indique que les animaux, tels que les vaches et les brebis ont la tête baissée pour paître.

Pal.

Palé. Qui est couvert de pals.

Palissé. Se dit des pièces à pals et fasces aiguisés, enclavés les uns dans les autres.

Palme. Branche de palmier.

Pamé. C'est le dauphin à la hure ouverte sans langue.

Pampre. Ceps de vigne.

Pampré. Se dit des feuilles et de la tige d'une grappe de raisin, lorsqu'elles se trouvent d'un émail différent.

Panaché. On désigne ainsi un chapeau ou bonnet orné de panaches.

Panelle. Feuille de peuplier.

Pennaché. Synonyme de Panaché.

Paon.

Papelonné.

Papillon.

Paré. Se dit d'un bras qui est d'autre émail que la main.

Parti. Division de l'écu ou d'une pièce.

Parti. Se dit de l'écu, des animaux ou autres pièces divisés de haut en bas en deux parties égales.

Partitions.

Passant. Qui marche ou semble marcher.

Passé en sautoir. Cette expression s'applique aux objets posés en sautoir, c'est-à-dire croisés l'un sur l'autre quand il y en a deux, ou mis 2, 1, 2, quand il y en a cinq.

Patenôtre.

Patté. Une croix est pattée quand ses extrémités s'élargissent en forme de pattes.

Pavillon. Grande ouverture du cor de chasse. C'est aussi une espèce de tente ou de dais sous lequel on place les armes des souverains.

Peautré. Se dit de la queue des poissons lorsqu'elle est d'autre émail que le corps.

Pendants. Ce sont les pièces pendantes des lambels.

Pélican.

Pennon. Bannière à pointe pendante.

Pennon généalogique. Ecu chargé des diverses alliances des maisons dont un noble est descendu. Il est composé de huit, de seize, de trente-deux quartiers, sur lesquels on dresse l'arbre généalogique.

Percé. Ouvert à jour.

Perché. Se dit des oiseaux posés sur un bâton ou un arbre.

Péri. Est à peu près synonyme de posé quand il s'agit d'une pièce raccourcie.

Peroné. On nomme ainsi les pièces dont les extrémités se terminent en forme de perron ou de marches d'escaliers.

Phéons. Fers, dards, flèches barbelés.

Phœnix.

Pièces honorables.

Pied (en). Se dit d'un animal debout sur ses quatre pieds.

Pied coupé, pied nourri. On se sert de ces expressions pour indiquer que des fleurs de lis sont coupées net par la moitié ou qu'elles ne laissent voir que leur partie supérieure.

Piété. Gouttes de sang qui coulent des blessures du pélican.

Pignonné. Qui s'élève en forme de pignon de muraille

Pile.

Plaine.

Pleines. Se dit des armoiries sans brisure ou écartelure telles que les doivent porter les aînés.

Plié. Un oiseau a le vol plié lorsque ses ailes ne sont pas étendues.

Plumeté.

Point. Division de l'écu partagé en neuf ou quinze parties égales. (Voir échiquier ou équipollé.)

Pointé. Se dit d'un écu chargé de pointes ou d'une rose dont le milieu est d'un émail différent.

Pommeté. Se dit des raies d'escarboucle ou des croix terminées par des boules.

Pont.

Porté. Une croix est dite portée lorsqu'elle est penchée dans l'écu.

Posé. S'emploie dans le même sens que *en pied.*

Potencé. Terminé en potence ou en T.

Pourpre.

Proboscides.

Q

Quartefeuille. Est une fleur à quatre feuilles.

Quartier. C'est le quart de l'écu lorsqu'il est divisé en quatre parties égales.

Quintaine. Meuble qui représente un poteau où est attaché un écusson.

Quintefeuille. Est une fleur qui prend son nom du nombre de ses feuilles, posées en rond et percées au milieu.

R

Raccourci. Est le même qu'alésé.

Radié. Se dit des couronnes antiques qu'on appelle couronnes radiées.

Rais. Se dit des pointes des étoiles.

Rais d'escarboucle.

Ramé. Se dit du bois de cerf et est le même que chevillé.

Rameau généalogique. Subdivision d'une généalogie.

Rampant. Se dit des animaux dressés, mais principalement du lion.

Ramure. Bois du cerf.

Rangé en fasce, en chef, en bande. On indique ainsi la position de plusieurs objets.

Rangier. Animal semblable au renne et portant un bois comme le daim.

Ravissant. C'est le loup portant sa proie,

Rayonnant. Qui a des rayons.

Rebattement.

Recercelé. La croix est ainsi nommée quand elle est ancrée et que ses crochets se retournent sur eux-mêmes. La queue des cochons et des lévriers peut aussi être recercelée.

Recoupé. Se dit des écus mi-coupés et recoupés un peu plus bas.

Recroiseté. On nomme ainsi les croix dont chacune des branches forme elle-même une croix à son extrémité.

Redorte. Branche d'arbre tortillée ou tressée en anneaux.

Regardant. Se dit d'un animal regardant en arrière.

Rempli. Ecussons ou figures vidés et remplis d'autre émail.

Rencontre. Têtes d'animaux posées de front.

Renversé. Se dit de toute figure dans une position contraire à celle qu'elle occupe ordinairement.

Répartitions.

Ranchier. Fer de faux.

Repotencée. Se dit d'une pièce potencée, dont les extrémités sont encore terminées par d'autres potences.

Resarcelé. Se dit des croix qui en ont une autre conduite en filet d'autre émail.

Retrait. Se dit des bandes, pals et fasces qui ne touchent qu'un seul des bords de l'écu.

Rinceaux. Branches croisées et enlacées.

Roc d'échiquier. Est une figure faite comme la tour des échecs.

Rompu. Est le même que brisé. Un chevron rompu, est celui dont la pointe d'en haut est coupée.

Rose.

Rouant. C'est le paon étendant sa queue.

Ruste. Losange percée en rond.

S

Sable. Une des couleurs du blason.

Saffre. Aiglette de mer.

Saillant. Se dit d'une chèvre, licorne, mouton ou bélier dans la position du lion rampant.

Salade. Casque, armure de tête.

Salamandre.

Sanglé. Indique que le cheval ou tout autre animal a une espèce de ceinture autour du corps d'un émail différent.

Saumon. Poisson qu'on reconnaît à sa grosseur et à ses mouchetures rouges.

Sautoir.

Sceptre. On le représente toujours en pal.

Sellé. Ne se dit que du cheval.

Semé. Se dit des pièces qui sont sans nombre dans un écu.

Sénestré. Qui est accompagné à gauche ou à sénestre.

Sénestre. Gauche de l'écu.

Sénestrochère. Main gauche.

Sinople. Une des couleurs du blason.

Sirène.

Soleil.

Somme. Se dit quelquefois des tourteaux de sinople.

Sommé. Surmonté d'une pièce.

Soutenu. Est le contraire de surmonté.

Sphinx.

Supporté. Se dit du chef séparé du reste de l'écu par une ligne d'émail différent.

Supports. Animaux placés aux côtés de l'écu.

Surchargé. Pièce chargée d'une autre pièce qui en porte elle-même une troisième.

Sur le tout. Se dit d'un écusson posé au milieu d'un écartèlement, et des pièces qui brochent sur les autres.

Sur le tout du tout. Ecusson placé sur le milieu de l'écartelure d'un autre écu posé déjà sur le tout.

Stangue. C'est la tige de fer qui entre dans le trabs de l'ancre.

Surmonté. Se dit d'une pièce qui en a une autre au-dessus d'elle.

T

Table d'attente. On nomme ainsi un écu d'un seul émail qui n'est chargé d'aucune figure.

Tacheté. Se dit de la Salamandre.

Taf.

Taille. Est une partition de l'écu faite au moyen d'une ligne diagonale de gauche à droite.

Tanno. Synonyme de Orangé.

Taré. Se dit du casque posé sur l'écu.

Tau.

Tavelé. Synonyme de moucheté.

Tenants. Se dit des hommes qui sont placés aux côtés de l'écu pour le garder et le soutenir.

Terrasse. Sol qui supporte souvent une pièce dans l'écu

Terrassé. L'écu est terrassé lorsque la pointe est remplie d'une espèce de terrain ou champ d'herbes.

Tertre. Petite terrasse.

Tête de More. C'est une tête de nègre ordinairement posée de profil et entourée d'un bandeau noué par derrière.

Tiercé. Ecu divisé en trois parties en long, en large, diagonalement ou en mantel.

Tiercefeuille.

Tierces.

Tigé. Se dit des palmes et fleurs.

Timbre.

Timbré. Se dit de l'écu couvert du casque ou timbre.

Tire. Traits de l'échiqueté ou du vairé.

Toison. Dépouille d'agneau ou de mouton.

Tonnant. Se dit d'un écusson représenté avec des jets de flammes et des tourbillons de fumée.

Tortil. Espèce de turban des têtes de More. On le nomme aussi Torque.

Tortillé. Se dit de la tête qui porte un tortil.

Tortillant. Action de la guivre ou serpent.

Tour.

Tourné. Se dit du croissant dont les cornes sont tournées vers le flanc dextre de l'écu.

Tourteaux.

Tourteaux besants.

Tourtelé. S'applique aux pièces chargées de tourteaux.

Le tout. On se sert de ce terme en blasonnant pour éviter la répétition de plusieurs pièces ou meubles de l'écu qui se trouvent du même émail.

Le tout du tout.

Trabe. C'est la partie de l'ancre qui traverse la stangue par le haut comme fait la partie supérieure d'une potence.

Tracé. Est le même qu'Ombré.

Trait. C'est le même que Tire.

Tranché. Est une partie de l'écu divisé diagonalement de droite à gauche.

Trangles. Ce sont des fasces diminuées qui contiennent seulement la sixième partie des fasces ordinaires.

Traverse. Barre diminuée.

Trèfle.

Treillissé. C'est le fretté plus serré.

Trescheur ou Essonier. Est une espèce d'orle qui n'occupe que la moitié de sa largeur ; il y en a de simples et de doubles qui parfois sont fleuronnés et contre-fleuronnés.

Trois, deux, un. Se dit de six pièces disposées, trois en chef sur une ligne, deux au milieu et une en pointe de l'écu.

Trompe. Est le même que Cor, Huchet et Cornet.

Tronçonné. Se dit d'une croix coupée par morceaux, qui, séparés les uns des autres par un petit espace, indiquent encore la forme d'une croix.

Tronqué. Se dit des arbres coupés par les deux bouts.

V

Vair. Est une fourrure dont les émaux sont toujours argent et azur. Chaque point de vair est fait à peu près en forme de cloche renversée.

Vairé. Se dit lorsque les vairs sont d'un autre émail qu'argent et azur.

Vannets.

Vergeté. Se dit d'un écu dont les pals surpassent le nombre de huit.

Vergette. Pal diminué.

Versé. Se dit des glands, pommes de pin, croissants, etc., quand ils sont tournés vers la pointe de l'écu.

Vétu. Se dit des espaces que laisse un grand losange dont les pointes touchent les quatre flancs de l'écu.

Vidé. Se dit des croix et autres pièces ouvertes au travers desquelles on voit le champ de l'écu.

Vilené. Lion dont on voit le sexe.

Vires. Sont des anneaux concentriques ordinairement au nombre de trois.

Virolé. Indique les boucles, mornes et anneaux des huchets.

Vivré. Se dit des bandes et fasces qui sont sinueuses et ondées avec des entailles faites d'angles rentrants et saillants.

Vol. Ce sont les deux ailes des oiseaux. Une seule aile se nomme demi-vol.

Vol abaissé. Se dit d'un vol dont le bout des ailes est tourné vers la terre.

Volet. Ornement du timbre.

Volet. On nomme quelquefois ainsi les tourteaux de sinople.

TABLE

34

ACHEVÉ D'IMPRIMER

SUR LES PRESSES DE

DARANTIERE, IMPRIMEUR A DIJON

Le 15 mars 1885

POUR

ÉDOUARD ROUVEYRE

ÉDITEUR

A PARIS

www.ingramcontent.com/pod-product-compliance
Lightning Source LLC
Chambersburg PA
CBHW070802270326
41927CB00010B/2251